Simona Wiles

# SommerSex
## heiss & wild

Erotische Geschichten

Blue Panther Books

BLUE PANTHER BOOKS TASCHENBUCH
BAND 2393
1. AUFLAGE: JUNI 2020

VOLLSTÄNDIGE TASCHENBUCHAUSGABE
ORIGINALAUSGABE



LEKTORAT: MARIE GERLICH

COVER: © ALEXEY TSYGANOV @ SHUTTERSTOCK.COM
UMSCHLAGGESTALTUNG: MT DESIGN
GESETZT IN DER TRAJAN PRO UND ADOBE GARAMOND PRO

PRINTED IN GERMANY
ISBN 978-3-96641-789-1
WWW.BLUE-PANTHER-BOOKS.DE

# INHALT



Mit dem Gutschein-Code

**SW21TBVQEJ**

erhalten Sie auf **www.blue-panther-books.de** diese exklusive Zusatzgeschichte als E-Book in den Formaten PDF, E-PUB und Kindle. Registrieren Sie sich einfach online oder schicken Sie uns die beiliegende Postkarte ausgefüllt zurück!

# Urlaubsträume – heisser Sex in kalter Wanne

»Die Klimaanlage ist kaputt, sagen Sie?«

Nathalie stand in einem luftigen weißen Kleid vor der Rezeption des Hotels. Trotzdem lief ihr der Schweiß den Rücken herunter. Bei über vierzig Grad war das unvermeidbar, vor allem, wenn die Klimaanlage des Hotels versagte. Der Rezeptionist war untröstlich, versprach, dass das Problem so schnell wie möglich behoben werde, und zog die hübsche Frau im weißen Kleid mit seinen glühenden Blicken aus.

Wenn es nach Nathalie ginge, dann könnte sie hier vollkommen nackt vor den Hotelgästen stehen, nur um die Hitze aushalten zu können. Doch sie hatte keine Lust, wegen Erregung öffentlichen Ärgernisses bei der Polizei zu landen, deshalb drehte sie sich erbost um und kehrte in ihr Hotelzimmer zurück.

Nathalie und ihr Freund André verbrachten ihren Urlaub auf Sizilien. Sie waren seit zwei Jahren zusammen. Kennengelernt hatten sie sich in der Firma, wo sie beide in verschiedenen Abteilungen arbeiteten. Als der dunkelhaarige Typ eines Tages in der Kantine neben ihr gestanden hatte, fühlte sich die rothaarige Nathalie wie ein Magnet von ihm angezogen. Nachdem sie ihm ihren Kaffee über das Hemd geschüttet hatte, waren sie sich näher gekommen … und voilà! Bereits drei Tage später waren sie miteinander im Bett gelandet und hatten es nur ungern wieder verlassen.

Der gemeinsame Urlaub war seit Monaten geplant. Die kleine Rundreise, die sie auf Sizilien mit einem Mietwagen absolvierten, hatte sie nach Cefalù gebracht, einem kleinen, gemütlichen Ort am Meer. Ihre Unterkünfte suchten sie sich spontan, was vielleicht ein Fehler war, denn auch andere Reisende hatten Zimmer gebucht und sie mussten sich mit dem begnügen, was noch frei war.

So waren sie in diesem kleinen Hotel ziemlich weit vom Meer entfernt gelandet, das in einer dunklen Gasse lag und keine Parkplätze anbot. Nathalie und André waren trotzdem erleichtert, dass noch ein Zimmer frei gewesen war, als sie am Vorabend spät angekommen waren. Doch bei Tage gesehen war jedes Zimmer ein Grauen, wenn die Klimaanlage versagte.

Nathalie schloss die Tür hinter sich und sah sich in dem verdunkelten Zimmer um. Es war klein, die Möbel sahen alt und zerkratzt aus. Das Bett in der Mitte des Raumes nahm fast den ganzen Platz ein. An der rechten Wand stand eine Kommode mit Fernseher sowie ein Stuhl, links befand sich ein klobiger Schrank, dessen Türen klemmten, sowie zwei Sessel mit einem kleinen Tisch dazwischen. Direkt neben der Kommode befand sich die Tür zu einem kleinen Badezimmer, das mit Badewanne, Toilette und Waschbecken ausgestattet war.

Die Rollläden im Zimmer waren fast völlig heruntergelassen, um die Hitze abzuhalten. Nur kleine Streifen Licht schimmerten durch die Ritzen, gerade so viel, dass sie im Dunkeln nicht stolperte. Trotzdem half die Maßnahme nicht viel: Das Zimmer war stickig und heiß, Lüften würde die ganze Hitze des heißen Tages einlassen. Nathie, wie sie von André liebevoll genannt wurde, fluchte, zog sich kurzerhand das Kleid über den Kopf und legte sich in Unterwäsche auf das zerwühlte Bett.

Das Beste war, sich nicht zu bewegen, dachte sie und seufzte.

André war trotz der Hitze unterwegs. Er wollte sich das Castello Cefalù und den Tempio di Diana ansehen. Beides befand sich auf der Anhöhe, die sie von ihrem Fenster aus sehen konnte. Einen Teil des Weges konnte er mit dem Auto zurücklegen, dann musste er zu Fuß weitergehen.

»Wenigstens funktioniert die Klimaanlage im Auto«, hatte er gesagt und Nathalie geküsst. Er wollte sich danach nach einem hübschen Restaurant am Meer umsehen und sie abholen. Sie hoffte, dass es sich in den Abendstunden etwas abkühlen würde. André schien die sengende Hitze nichts auszumachen.

Nathalie trank einen Schluck Wasser aus dem Glas neben ihrem Bett und döste ein wenig. Die Nacht war kurz gewesen. André hatte sich voller Energie über sie hergemacht, hatte sie mit winzigen Küssen auf den Bauchnabel und auf ihre Brüste erregt, den Schweiß von ihrer Haut geleckt und mit seinen Fingern ihre Möse gestreichelt, bis sie es nicht mehr ausgehalten hatte. Sie war so nass gewesen, so erregt, dass die Hitze völlig nebensächlich geworden war. André hatte seinen harten Schwanz in sie gedrängt, sie zum Jauchzen gebracht und mit seinen Stößen in den Himmel katapultiert. Danach waren sie erschöpft nebeneinandergelegen und eingenickt. Ficken konnte ihr Freund verdammt gut, dachte Nathalie schmunzelnd, bevor sie richtig einschlief.

***

André weckte sie mit einem zärtlichen Kuss. »Na, meine Schöne? Hast du Hunger?«

Sie schlug die Augen auf. Vor ihr schwebte das Gesicht ihres Freundes, mit einem Lächeln auf den Lippen und blitzenden grau-grünen Augen. Er roch nach der Wärme der Sonne und war braun gebrannt. Sie beneidete ihn, weil seine Haut selten zunächst krebsrot wurde wie ihre, bevor sie ins Goldbraune wechselte. Nein, André wurde sofort braun und zog stets die Blicke anderer attraktiver Frauen auf sich. Er war schlank, durchtrainiert, hatte schwarzes Haar und ein markantes Gesicht. Sie konnte sich glücklich schätzen, sein Herz gewonnen zu haben.

Noch einmal küsste er sie auf ihre lächelnden Lippen, dann fragte er, warum es so stickig sei.

»Die Klimaanlage ist ausgefallen. Ich habe mich bereits beschwert.«

André begann, ihren schweißgebadeten Körper mit winzigen Küssen zu bedecken.

Ihre Lust erwachte sofort, sie wölbte sich ihm entgegen und tastete nach seinem Schoß. »Wen haben wir denn da?«, fragte sie lächelnd. Ihre Hand massierte seine Beule.

»Den habe ich dir mitgebracht.« André grinste lüstern.

Nathalie erhob sich und huschte ins Badezimmer, um sich frisch zu machen. Sie zog ihre Wäsche aus, wusch sich kurz und kehrte mit verlockendem Hüftschwung zu ihm zurück. Er lag auf dem Bett, seine Augen verlangend auf sie gerichtet.

Lächelnd ging Nathalie auf ihn zu, legte sich neben ihn und machte sich an seiner Hose zu schaffen. Das T-Shirt hatte er bereits ausgezogen. Liebevoll küsste er sie, strich mit seinen Händen sanft über ihre Haut und entflammte sie wie immer, wenn er sie berührte. Sein Schwanz schnellte in ihre Hand, als sie das Hindernis seines Reißverschlusses endlich überwunden hatte. Er lag heiß und pochend in ihrer Handfläche, benetzte sie mit seinen Lusttropfen und rieb sich an ihr.

Nathalie konnte es kaum erwarten, ihn endlich in sich zu spüren. Sie richtete sich auf, überwältigte André, der es in diesem Fall tunlichst vermied, sich zu wehren, und setzte sich auf ihn.

*Ein Quickie in der Hitze*, dachte Nathalie. Ihre Spalte brannte vor Lust. Sie rieb sich zunächst an seinem Stab, bevor sie ihn in sich aufnahm. Genüsslich senkte sie ihr Becken und beobachtete André, dessen Gesicht sich erregt verzerrte.

Dann begann sie, sich auf ihm zu bewegen. Sie ließ ihr Becken rotieren, zog ihre Muskeln zusammen, nahm vergnügt das Zucken seines Schwanzes entgegen und massierte ihn mit ihrer Möse. Beide begannen zu keuchen, kleine Schweißtropfen rannen Nathalies Rücken hinab. Sie liebte es, ihn tief in sich zu spüren, ihn zu reiten, bis er knurrend in sie fickte und explodierte. So war es auch dieses Mal. Sie trieben sich gegenseitig hoch – lustvoll, geil und gierig aufeinander. André knetete ihre Brüste und zog an ihren Nippeln, bis Nathalie spitze Schreie ausstieß. Dann, kurz vor ihrer beider Höhepunkt, hielt er ihre Hüften fest und vögelte von unten in sie hinein, bis sie willenlos auf ihm hing, die Augen verdrehte und mit einem Schrei explodierte. Erst dann gestattete er es sich, zu kommen, und sein heißer Samen füllte sie aus.

Die Aktion war schweißtreibend gewesen. Sie lagen keuchend und atemlos nebeneinander. Nathalie ließ ihren Fingernagel über Andrés Brust gleiten, bis er ihre Hand nahm und sie küsste.

»Ich glaube, jetzt habe ich Hunger«, stellte sie fest. Eine erneute Dusche war nun unumgänglich, also stand sie auf und verschwand im Badezimmer. Danach kleidete sie sich an und wartete auf André, der nach ihr in der Wanne duschte.

»Ich habe ein nettes kleines Restaurant in der Nähe des Meeres gefunden«, erzählte er ihr, während er sich anzog. Sie gingen in die Lobby hinunter und traten in die abendliche Wärme hinaus. Es hatte sich nur wenig abgekühlt, die Hitze des Tages strahlte von den dicken Mauern der alten Gebäude um sie herum ab. Erst in der Nacht um etwa 2 oder 3 Uhr wäre so etwas wie Kühle bemerkbar. Glücklicherweise konnten die Fenster des Hotelzimmers geöffnet werden, und Nathalie hoffte, dass die frische Luft dann hereinströmen würde.

Während des Essens, das ihnen von einem schweigsamen, aber freundlich lächelnden Restaurantbesitzer serviert wurde, erzählte André von seiner Sightseeingtour. »Das Castel ist eine Ruine und wurde in der Zeit der Normannen gebaut. Von dort oben kann man über die ganze Stadt schauen«, schwärmte er begeistert. »Aber der Aufstieg ist mörderisch. Zum Glück hatte ich genug Wasser dabei und festes Schuhwerk.«

Auf dem Tisch standen Gläser mit Wein sowie eine Flasche Wasser. Das Restaurant lag in einer kleinen Nische zwischen den Häusern, ein Dach aus Efeu spendete Schatten. Hier war es angenehm kühl, vermutlich, weil die Sonne nicht den ganzen Tag in diese schmale Ecke schien.

Sie waren durstig und tranken mehr Wein als üblich. Nach dem Dessert und einem Espresso erschien der Restaurantbesitzer, der nur Italienisch sprach und sich ihnen mit wortreichen Gesten und mithilfe der Speisekarte verständlich gemacht hatte. Er stellte sich lächelnd neben ihren Tisch.

»Cefalù ist Nabel der Welt«, deklamierte er feierlich in deutscher Sprache und verschwand wieder. Nathalie und André sahen sich überrascht an, dann lachten sie. Offensichtlich war der Besitzer so stolz auf seinen Wortschatz, dass er ihn unbedingt zum Besten geben musste.

»Cefalù ist Nabel der Welt«, sinnierte André. »Ich glaube, das werde ich nie vergessen.« Lachend und kichernd kehrten sie ins Hotel zurück, öffneten die Fenster und sanken auf die Laken, in der Hoffnung, trotz der Hitze wenigstens etwas schlafen zu können.

***

Der nächste Tag war so heiß wie der zuvor und Nathalie stöhnte unter der sengenden Sonne. Sie waren mit dem Auto unterwegs, wollten am Vormittag im Meer baden gehen und dann ein paar Sehenswürdigkeiten besuchen.

Im Wasser war es angenehm kühl, doch der Sand war brennend heiß. *Hier Sonne zu tanken ist nicht auszuhalten*, dachte Nathalie und flüchtete in den Schatten eines Baumes.

»Lass uns fahren!«, rief sie André zu. Die Abkühlung des Meerwassers hielt nicht lange vor, selbst der Fahrtwind war zu warm. Sie stellten das Auto in der Nähe des Hotels ab und spazierten in die Altstadt. In ihrem Reiseführer wurde ein Besuch der Lavatoio Medievale empfohlen. Um dorthin zu kommen, mussten sie durch viele schmale Gassen laufen, was bei der vorhandenen Menschenmenge etwas Geduld erforderte. Als sie endlich unter dem Gewölbe standen, zogen sie sofort ihre Sandalen aus und steckten die Füße in das kühle Wasser.

»Ich glaub, hier bleib ich«, seufzte Nathalie erleichtert. Der Platz war einst der städtische Waschplatz gewesen, mit vielen viereckigen Becken, alten Steinstufen und teilweise überdacht. Das kalte Wasser umspülte ihre Füße und wusch den Staub weg. Ansonsten gab es hier nicht viel zu sehen und es lag der Verdacht nahe, dass die meisten Touristen sich so wie sie wegen der angenehmen Temperaturen hier so lange aufhielten.

Nach ein paar Minuten zogen sie ihre Füße aus dem Wasser und machten sich wieder auf den Weg, schlenderten an ein paar Geschäften vorbei, begutachteten die Schaufensterauslagen und gelangten an den Duomo di Cefalù, einen alten Dom mit schönen Mosaiken, Säulen und vor allem: Kühle. Nathalie und André blieben lange im Innern des Doms, bestaunten die Bilder und reich geschmückten Säulen und kühlten sich ab.

Gegen Mittag bekamen sie Hunger, suchten sich ein nettes, schattiges Restaurant auf dem Domplatz und genossen einen

Salat sowie kalte Getränke.

»Im Schatten lässt es sich aushalten«, bemerkte Nathalie. Sie wischte sich eine Schweißperle von der Stirn, die ihre Worte Lügen zu strafen schien.

André stimmte ihr zu. »Hoffentlich ist die Klimaanlage jetzt wieder repariert«, seufzte er.

Die letzte Nacht war nicht erholsam gewesen. Trotz des offenen Fensters war kaum kühle Luft in das Zimmer gedrungen. Am Morgen hatten sie es schließen müssen, um die Tageshitze fernzuhalten. Sie wollten ins Hotel zurückkehren, um Siesta zu halten, und erst am Abend wieder rausgehen.

Nathalie dachte an den alten Waschplatz zurück, den sie besichtigt hatten. Sie hätte den ganzen Tag dort verbringen mögen, allein wegen des kalten, ständig nachlaufenden Wassers, das aus Rohren unter den dicken Steinen in die einzelnen kleinen Becken floss. Sie hätte sich auf die kühlen Steine gesetzt und ihre Füße in die Becken gesteckt, vielleicht noch ein Buch gelesen. Andererseits gab es dort nichts weiter zu sehen und sicher wäre ihr nach kurzer Zeit langweilig geworden. Aber die Vorstellung hatte sie auf eine Idee gebracht.

Zurück im stickig warmen Hotelzimmer zog sie sich ins Badezimmer zurück und begutachtete die Badewanne. Sie war ungewöhnlich groß, fast wie ein Whirlpool, nur ohne dessen Funktion.

»Schatz?«, rief sie zu André hinaus, der es sich bereits auf dem Bett bequem gemacht hatte. »Was hältst du davon, uns Sekt oder Champagner zu bestellen?«

»Haben wir etwas zu feiern?«, kam erstaunt zurück.

»Wir haben immer was zu feiern«, rief sie lachend zurück. »Uns!«

»Okay, du hast recht!« André schmunzelte. Nathalie war trotz der Urlaubshitze gelöster als zu Hause, und er würde alles tun, um diesen Zustand so lange wie möglich zu erhalten. Er telefonierte mit der Rezeption, kratzte ein paar Brocken Italienisch und Englisch zusammen und bestellte einen großen Eiskübel mit zwei Flaschen Champagner. Als er auflegte, hörte er Wasser in der Badewanne rauschen.

»Du willst baden?«, fragte er überrascht. »Ich dachte, wir machen einen Champagnernachmittag?«

»Aber ja, das tun wir«, antwortete Nathalie durch die geschlossene Tür. »Lass dich überraschen!«

Kurze Zeit später klopfte es an der Tür und ein Servierwagen mit zwei Kübeln voller Eiswürfel, in denen jeweils eine Flasche Champagner steckte, wurde hereingeschoben. André gab dem Kellner ein Trinkgeld, dann schloss er die Tür hinter ihm. »Der Champagner ist da!«, rief er durch die geschlossene Badezimmertür.

Die Tür wurde geöffnet. »Wunderbar!«, sagte eine lächelnde Nathalie.

André bekam große Augen, weil sie nackt vor ihm stand, was er nicht erwartet hatte. Ihre Haut wies eine sanfte Rötung auf, ansonsten zeichnete sich erste Bräune ab. Sie hatte ihr blondes Haar hochgesteckt, nur ein paar Strähnen umschmeichelten ihren schlanken Hals. Verführerisch stand sie in der Badtür und sah ihn lüstern an.

Neugierig trat er näher. »Was hast du denn vor?«, flüsterte er, bevor er sie küsste.

»Rate mal«, wisperte sie zurück und zog ihn ins Badezimmer.

Sie hatte die Notkerzen, die das Hotel in jedem Zimmer für den Fall eines Stromausfalles anbot, mit Wachs auf den Rand des Waschbeckens geklebt, und als sie jetzt das elektrische Licht löschte, schimmerte der Kerzenschein goldfarben und wurde vom Spiegel vervielfacht. Nathalie zog noch den Servierwagen mit den Kübeln ins Bad, dann lehnte sie die Tür an und drehte sich um. »Was soll man in sommerlicher Hitze, gefangen in einem stickigen Hotelzimmer, anstellen?« Sie klang wie eine Rätselfee, lächelnd und unergründlich. Während sie auf seine Antwort wartete, öffnete sie eine Champagnerflasche und ließ den Inhalt schäumend in die Gläser laufen. Sie drückte ihrem Freund eines davon in die Hand und stieß mit ihm an.

»Also, ein heißes Bad zu nehmen, gehört jedenfalls nicht dazu, oder?«, antwortete André skeptisch.

»Dummerchen!« Sie nahm seine Hand und tauchte sie ins Wasser.

»Kalt!« Allmählich dämmerte ihm, was sie vorhatte.

»Lauwarm«, antwortete sie. »Damit wir uns an die Temperatur gewöhnen.«

Seine Augen glitzerten, als er sie ansah. Sie nippten an den Gläsern und stellten sie auf den breiten Wannenrand, damit sie nicht herunterfielen.

»Eine gute Idee!«, stimmte er zu. Wieder küsste er Nathalie, die nach seinem Reißverschluss tastete, und half ihr mit seiner eigenen Kleidung, bis er nackt vor ihr stand. Sein Schwanz war bereits halb erigiert, bloß bei dem Gedanken an das kalte Wasser zuckte er noch zurück. Trotzdem war er geil auf Nathalie, die mit schimmernden Brüsten vor ihm stand und offensichtlich erregt war. Ihre Augen glänzten vor Lust, während sie zart mit einem Finger über seine Brust fuhr, einen Kreis um seinen Bauchnabel beschrieb und sich weiter nach unten wagte.

Er hob die Hände zu ihrem Busen und umkreiste ihre Nippel mit den Daumen. »Du bist so schön«, flüsterte er.

Ihre Haut war heiß, als er sie umarmte, heiß vor Verlangen und Leidenschaft. Sie zog ihn zur Wanne. Als sie mit einem Bein hineinstieg, quietschte sie lachend auf, weil das kühle Wasser ihr zunächst einen Schock versetzte, dann tauchte sie ihr zweites Bein hinein und forderte André auf: »Komm!«

Skeptisch sah er ihr zu, wie sie sich ins Wasser sinken ließ. Dann folgte er ihr.

Das kühle Nass umspielte ihre Haut, perlte ab, wo sie noch mit Sonnencreme eingecremt waren, und glitzerte im Kerzenlicht. Sie hatten beide mehr als genug Platz in der großen Wanne, gewöhnten sich schnell an die Wassertemperatur und lächelten sich an. Nathalie nahm die beiden halb vollen Champagnergläser, damit sie anstoßen konnten.

Das Prickeln war erfrischend, der Anblick seiner schönen nackten Freundin ebenfalls – also machte André sich nach dem letzten Schluck ans Werk. Er streichelte ihre Beine, die sie ihm entgegenstreckte, hob ihren rechten Fuß hoch und küsste ihre Fußsohle.

Nathalie kicherte erregt. Sie ließ ihrerseits ihre Hand in Richtung seines Schwanzes wandern, der wegen des niedrigen Wasserstands mit der Spitze herausragte. Hart.

Sie küssten sich ausgiebig, rieben ihre Körper wollüstig aneinander und kicherten über das Plätschern des Wassers und des Geräusches, das es machte, wenn sie ihre Haut voneinander lösten.

»Heißer Sex in kalter Wanne«, grinste André, während er mit der Hand zwischen ihre Schenkel fasste und sie dort streichelte.

»In kaltem Wasser, meinst du«, verbesserte Nathalie ihn atemlos, während sie sich an der Haltestange festhielt. Durch die Schwerelosigkeit im Wasser war es nicht einfach, dem Streicheln und Wichsen von Andrés Fingern Widerstand zu geben – doch das war nötig, um ihre Erregung weiter anzufachen. Sie spreizte ihre Schenkel und legte sie um seine Hüften, obwohl er noch keine Anstalten machte, in sie einzudringen. Ihr Kopf lag auf einem Wannenpolster, das äußerst bequem war. *Als wäre diese Wanne zum Ficken eingerichtet worden*, dachte

Nathalie benommen. Ihr Becken war schwer vor Lust, alles Blut war in ihre Schamlippen geflossen, die nun offen vor André lagen. Er streichelte und wichste sie geschickt, hörte auch nicht damit auf, als sie ihn stöhnend bat, sie endlich zu nehmen. Auch sein Atem ging schwer, und Nathalie machte es ihm nicht einfacher, weil sie mit dem anderen Fuß sanft seine Eier massierte.

Gierig sahen sie sich an, Nathalies Brüste waren geschwollen, ihre Nippel ragten steif aus dem Wasser, und trotz des kühlen Wassers war ihr verdammt heiß. *Liegt es an dem Champagner, dass mir so warm ist, oder an der Lust?*, überlegte sie. *Wenn er so weitermacht, explodiere ich gleich hier und jetzt!*

André ließ seine Finger in sie gleiten und ertastete ihre glatte feste Haut, suchte und fand ihre Kirsche, die offen vor ihm lag. Ihre Zehen tasteten zu seinem Steifen hoch, sie kraulte seine Eier und stöhnte laut, als er mit den Fingern in sie stieß.

»Komm endlich!«, forderte sie mit heiserer Stimme.

André zog seine Hand zurück, dann war er über ihr, hielt sich am Badewannenrand fest, während sein harter Schwanz an ihrer Spalte ansetzte und in sie glitt. Sofort schlang Nathalie ihre Beine um seine Hüften, zog ihn in sich hinein, immer tiefer, und ihre heiße Möse umfing ihn. Sie keuchte und stöhnte, erregte ihn mit ihrem Busen, den sie ihm wollüstig entgegenreckte. Genießerisch leckte er über ihre Nippel und stieß in sie, immer wieder, bis das Wasser um sie herumschwappte, ihre Haut mit Kühle benetzte und gluckernd wieder abperlte.

André zog das Tempo an. Als er das Gefühl hatte, gleich zu kommen, fickte er immer heftiger in diese heiße, gierige Möse und genoss ihre kleinen Jauchzer, die immer lauter wurden. Schließlich setzte er zum Finale an: Seine Zunge umspielte ihre Nippel, seine Hand packte ihren Hintern, der sich ihm willig entgegenreckte, und knetete ihre straffe Haut. Er pumpte tief in sie hinein, spürte ihr Zucken und Beben, hörte ihr Stöhnen, das ihren Orgasmus begleitete, und explodierte selbst mit einem wollüstigen Knurren.

Sein Saft spritzte heiß in sie und Nathalie erregte der Unterschied ihrer kühlen Haut und der Hitze in ihr erneut. Sie massierte seinen Schwanz mit ihrer lustvoll zuckenden Spalte und molk ihn, bis er keinen Tropfen mehr in sich zu haben glaubte.

»War das geil«, stellte er fest und grinste sie an. Er blieb in ihr, bis er weich wurde, dann erst zog er sich zurück und sah zu, wie kleine Samenfäden im Wasser schwammen. Ein Anblick, den er verdammt erregend fand.

Nathalie hatte die Augen halb geschlossen und lächelte. Sie beobachtete, wie er tropfend aus der Wanne stieg, wobei das Wasser von seinen Muskeln herabfloss. Er nahm die beiden Gläser und schenkte sie voll, reichte ihr eines und prostete ihr zu.

»Meine Schöne, das war die beste Idee heute!«, bekannte er, trank das Glas leer, füllte es erneut und platzierte es sorgfältig auf dem Wannenrand.

Nathalie grinste, reichte ihm ihr Glas, das sie ebenfalls durstig geleert hatte, und erhielt ein volles zurück. »Ich will noch mal«, sagte sie mit glitzernden Augen. Sie hatte das Gefühl, dass ihre Spalte noch nicht zufrieden war. Sie pochte und zog vor Gier, als ob der Fick von eben lediglich eine Vorspeise gewesen wäre.

André sah sie amüsiert an. »Sofort, die Dame!« Er stieg flink wieder in die Wanne und nahm zwischen ihren Beinen Platz. Seine Hände streichelten ihre glatte Haut, wanderten auf ihrem Körper umher, verweilten auf ihren Brüsten – »ja, das ist geil!« –, glitten über den straffen Bauch hinunter zwischen ihre Beine, die sie unwillkürlich wieder spreizte – »das ist noch geiler!« – und spielten an ihren Schamlippen, bis Nathalie atemlos keuchte.

Was ihn anging, würde es nicht lange dauern, bis sein Stab wieder bereit wäre. Doch solang würde er dieses heiße Weib aufgeilen, bis sie wimmerte, nahm André sich vor. Das glucksende Wasser untermalte ihr Stöhnen. Er musste zugeben, dass die Hitze hier im kühlen Nass absolut auszuhalten war. Um dem Ganzen einen zusätzlichen Kick zu geben, langte er mit einem Arm zum Servierwagen hinüber, griff nach ein paar Eiswürfeln und ließ sie in die Wanne fallen. Einen davon nahm er in die Hand und brachte ihn zwischen Nathalies Beine.

Sie quietschte. »Aaaah, was machst du da? Hör nicht auf, bitte hör nicht auf, das ist so geil …«

Er hatte den zwar kleinen, jedoch nicht weniger kalten Eiswürfel in ihre heiße Spalte gesteckt, wo er nun endgültig schmolz. Grinsend beobachtete er die Reaktion seiner geilen Freundin. Sie lag halb im Wasser, mit emporgereckten Nippeln, und verdrehte die Augen vor Lust, weil der Eiswürfel in ihr und der Temperaturunterschied sie so stark erregten.

Sie spürte, wie das Eis schmolz. »Das musst du unbedingt ausprobieren!«, rief sie aufgeregt.

»Wie denn?«, fragte er schmunzelnd und holte einen weiteren Eiswürfel. Inzwischen war seine Rute gewachsen. Die Situation törnte ihn an.

»Noch mal!«, verlangte Nathalie und spreizte so weit wie möglich ihre Schenkel. Er steckte den Würfel in sie hinein, sie quietschte wieder und zappelte vor Lust, dann wimmerte sie: »Und jetzt komm! Fick mich!«

Als er in sie eindrang, begrüßte die Kälte des Eiswürfels seinen heißen Schwanz. Es war unglaublich. Er keuchte auf, glitt vorsichtig weiter und brachte das Eis endgültig zum Schmelzen. Wieder vögelte er sie – länger, heftiger und gieriger als zuvor, während Nathalie jauchzte und ihn anfeuerte, bis sie explodierte und auch ihn zum Platzen brachte.

Das Wasser war wegen ihrer stürmischen Leidenschaft über den Wannenrand geschwappt und bildete eine Pfütze davor. Außerdem schien es nicht mehr richtig kalt zu sein, befanden sie beide. Also ließen sie frisches kaltes Wasser ein, gaben ein paar Eiswürfel hinzu und gönnten sich eine kleine Pause, in der sie genüsslich die erste Champagnerflasche leerten.

Nathalie fühlte sich seltsam leicht und schwerelos, sowohl durch den Alkohol als auch durch ihre Lust. *Was für ein geiler Urlaub,* dachte sie beschwipst. *Ficken und Baden, die richtige Mischung.*

Sie redeten über die Firma, bedauerten ihre Kollegen, die sich in der Hitze, die auch in Deutschland herrschte, abschwitzten, und lächelten sich verliebt an.

Als André die hoteleigene Seife zur Hand nahm und auspackte, bekam Nathalie einen Schluckauf, den sie mit einem tiefen Zug Champagner aus ihrem Glas überwand. Der Alkohol stieg ihr eindeutig zu Kopf und wärmte sie von innen, ließ ihre Haut glühen trotz des kalten Wassers, das um sie herumschwappte. Und als ihr Freund begann, sie mit der duftenden Lavendelseife einzucremen, rekelte sie sich wohlig. Seine Hände hoben sanft ihre Gliedmaßen an und ließen sie wieder ins Wasser gleiten, sobald sie eingeseift waren. Nathalie sah, dass sein Prügel wieder steif war, und überlegte träge, ob sie eine weitere Runde schaffen würde. Der Champagner machte sie wohlig müde. Eigentlich war sie jetzt bereit, sich aufs Bett zu legen, das heute frisch bezogen worden war.

Doch André schien ihren Körper besser zu kennen als sie selbst. Geschickt ließ er seine Finger über ihre heiße Haut gleiten, unter dem Vorwand, sie weiter einzuseifen. Doch als ihre Lust wieder erwachte, konnte er ihr nichts mehr vormachen.

Sie beugte sich lächelnd vor und küsste seine Lippen, streichelte sie mit ihrer Zunge und erkannte an seiner Reaktion, dass sie richtig lag: Er packte sie leidenschaftlich und hielt sie fest. Seine Hände streichelten ihren Rücken und sein Mund … Sie spürte seinen Schwanz, der sich an sie drängte, und fasste danach. Ihre Hand strich über die samtene Haut, glitt nach unten zu seinen Eiern und massierte sie.

André lächelte. Er wusste inzwischen, wie er Nathalie heißmachen konnte. Zärtlich leckte er ihre Lippen, dann glitt sein Mund hinunter zu ihrer empfindsamen Haut in der Halskuhle. Als sie stöhnte, umfassten seine Hände ihre Brüste, die sie ihm entgegendrängte. Er liebte ihre glitschige, nasse Haut, wenn sie gerade aus der Dusche kam und tropfend vor ihm stand. Jetzt saß sie erregt vor ihm, ebenso nass und glitschig, und wartete nur darauf, von ihm gefickt zu werden.

»Dreh dich um«, flüsterte er. Sie gehorchte. Das Wasser schwappte um sie her, als sie ihm den Rücken zuwandte und auf allen vieren vor ihm hockte. Er ging auf die Knie, hob ihre Hüften zu sich an und strich mit einem Finger über ihre geschwollenen Schamlippen. Als sie aufstöhnte, schmunzelte er. Sein Schwanz war pochend bereit für diese Knospe, die rosa vor ihm lag. Er setzte die Eichel an, während er die nasse Haut ihrer Pobacken streichelte. Mit Schwung tauchte er in sie, genoss wieder die geile heiße Enge ihrer Spalte und warf den Kopf zurück. Seine Hüften übernahmen automatisch die Aufgabe, sich vor und zurück zu bewegen, während Nathalie sich ihm wollüstig entgegenstemmte und ihn anfeuerte: »Ja! Fester! Schneller! Tiefer!«

Er liebte es, wenn sie so gierig war. Ihre Haut duftete nach der Lavendelseife.

Ihre Körper klatschten hemmungslos aufeinander, die nasse Haut löste sich mit einem schmatzenden Geräusch, um mit einem »Popp!« wieder aufeinanderzutreffen. Auch das liebte André. Es geilte ihn auf, ließ jeden anderen Gedanken aus seinem Kopf verschwinden. Er strebte mit einem Urinstinkt, den es seit Jahrtausenden gab, nach der Spitze ihrer Vereinigung. Ihre Möse war heiß, geschwollen und lag offen vor ihm. Mit einem Arm griff André um Nathalies Bein, seine Finger tasteten nach ihrer Kirsche und begannen, sie im Takt seiner Stöße zu reiben.

Nathalie jaulte auf, sie hielt jetzt ganz still, zitternd vor Erregung und mit durchgedrücktem Rücken. Sie hatte sich halb aufgerichtet, hielt sich am Wannenrand fest und stieß keuchend den Atem aus. Ihre Beine waren so weit wie möglich gespreizt, um seine Finger so deutlich wie möglich auf ihrer Klit zu spüren. Bei jedem Stoß von Andrés Stößen gab sie Widerstand, indem sie sich leicht vom Wannenrand abdrückte und ihm entgegenkam. Das Wasser gluckste bei jeder Bewegung.

André rubbelte immer heftiger über ihre Kirsche. Seine Finger spürten seinen Schwanz, der sich in ihr bewegte, und er hatte das Gefühl, sich gleich mitwichsen zu können.

Nathalie gab inzwischen laute, spitze Schreie von sich. Er fickte noch schneller in sie hinein, in dem Wissen, dass sie gleich explodieren würde. Wenn er sich leicht seitlich drehte, konnte er ihre prallen, geschwollenen Brüste sehen, die mit jedem Stoß auf und ab wippten. Das gab ihm den Rest. Mit tiefem Stöhnen pumpte er in ihre heiße Spalte, spürte ihr Zittern, ihre Muskelkontraktionen und konnte sich nicht mehr zurückhalten, weil ihr Becken auf seinem Stab rotierte und sie ihre Lust laut hinausbrüllte. Sein Samen schoss in ihre Höhle, füllte sie heiß aus und erhöhte die Gleitfähigkeit seines Schwanzes, der noch immer hart in sie fickte.

Nathalie zitterte, ihre Beinmuskeln wurden schwach, ihre Hände glitten fast vom Wannenrand, weil der Orgasmus mit einer ungeahnten Wucht über sie gekommen war. Erstaunt registrierte sie, dass André sie noch immer vögelte, seine Rute noch immer hart war, obwohl er gerade in ihr gekommen war. Sie hielt sich fest und gab ihm Widerstand.

Seine Hände krallten sich in ihre Haut, keuchend fickte er in sie, wurde immer schneller und explodierte erneut. Sie spürte seinen harten Schwanz, den er in sie presste, seine Muskeln, die sich an ihren Rücken schmiegten, und hörte seinen keuchenden Atem in ihrem Ohr.

***

Als sie wieder zu Hause in Deutschland ankamen, umfing sie fast die gleiche Hitze wie in Sizilien. Die Freundin, die sie mit dem Wagen vom Flughafen abholte, jammerte ihnen vor, dass es in den letzten Wochen so furchtbar heiß gewesen sei, dass sie keinen klaren Gedanken mehr fassen könne. Auch habe sie in dieser Zeit keinen Sex mit ihrem Mann gehabt, weil jeder von ihnen viel zu erledigt sei und sofort wegdämmere, sobald einer von ihnen das Kissen im Bett mit dem Kopf berühre.

Nathalie und André wechselten lächelnd einen verschwörerischen Blick, doch keiner von ihnen ließ ein Wort verlauten.

Die Freundin fragte neugierig, wie es ihnen denn in dieser Hitze ergangen sei.

»Och. Ähnlich wie euch«, lächelte Nathalie und war nicht bereit, ihr gemeinsames geiles Geheimnis preiszugeben.

# Sex in der Dusche – Glühende Körper in kühlem Nass

Amanda begrüßte Tracy und Simone mit Küsschen rechts und links. »Hey, ihr beiden, wie schön! Das war eine super Idee, sich nach all der Zeit wieder mal zu treffen!« Sie ging weiter zu den drei Männern, warf ihre blonde Mähne zurück und begrüßte sie ebenfalls mit gehauchten Luftküsschen. Dabei presste sie ihren prallen Busen an die Körper der Kerle, die erfreut grinsten.

Tracy musterte ihre ehemalige Klassenkameradin von oben bis unten. Amanda war schon damals gut gebaut gewesen, doch jetzt war ihre üppige Figur vermutlich der Traum jedes Mannes. Schlanke Taille, apfelförmiger Hintern und ein Busen, der mehr als ausladend war. Dagegen wirkte sie selbst eher knabenhaft mit ihren schmalen Hüften und kleinen Brüsten. Außerdem war sie klein, hatte schwarze kurze Haare, ein herzförmiges Gesicht mit Sommersprossen und grünen Augen – das genaue Gegenteil also. Ihr Blick schweifte zu Simone hinüber. Die frühere Klassenkameradin sah »normal« aus – dunkelblond, schulterlanges Haar, hübsches Gesicht, blaue Augen, sportliche Figur. Tracy hatte Simones ruhige Art schon immer gemocht und sich in der Klasse mit ihr am besten verstanden. Amanda dagegen war bereits damals laut und dominierend gewesen. Trotzdem war sie ein guter Kerl, und zu dritt waren sie oft ins Kino gegangen und hatten sich gegenseitig von ihren ersten Erlebnisse mit Jungs erzählt.

»Super, dann sind wir komplett!« Ingo, der Gastgeber, wandte sich an die kleine Gruppe.

Der Tag war heiß, die Sonne brannte vom Himmel und ließ das Thermometer auf über fünfunddreißig Grad steigen.

Ingo bedauerte, zwar ein Haus mit Garten zu besitzen, aber keinen Swimmingpool zum Abkühlen anbieten zu können. Er hatte Markisen und Sonnenschirme aufgestellt, die Schatten spendeten. Der Grill stand bereit, die Bierflaschen und sonstige alkoholische Getränke waren gekühlt. Die Frauen hatten wie gewünscht Salate mitgebracht. Ihrem informellen Klassentreffen stand also nichts im Weg. »Schön, dass ihr alle kommen konntet. Ich dachte mir, früher waren wir eine coole Clique, und hatte deshalb einfach Lust, euch mal wieder zu sehen. Also, bedient euch bitte mit Getränken!« Er grinste in die Runde.

Ingo sah klasse aus im Vergleich zu früher, als er sich pickelig und schüchtern ihrer Clique angeschlossen hatte. Mitten im Schuljahr war er zu ihnen in die Klasse gekommen, verlegen und ständig rot werdend, sobald ihn ein Mädchen anschaute. Heute zeigte er seinen braun gebrannten Oberkörper mit den breiten Schultern. Er hatte kein Oberteil an und war lediglich mit Shorts bekleidet. Insgeheim waren die Frauen sich einig, dass Ingo sich zum Positiven verändert hatte.

Amanda strebte zu dem kleinen Kühlschrank, der unter anderem Gin und Tonic Water beinhaltete. Sie mixte sich einen kleinen Tumbler voll und trank das Glas fast in einem Zug aus. »Das tut gut«, stellte sie lächelnd fest und füllte das Glas noch einmal.

Während die anderen sich ihr anschlossen, begann Ingo, Fleisch auf den Grill zu legen. Von einer kleinen Stereoanlage im Haus drang leise Musik auf die Terrasse. Bis Amanda als Letzte eingetroffen war, hatten sich die anderen fünf bereits unterhalten und sich gegenseitig erzählt, was in der Zwischenzeit seit ihrem letzten Treffen geschehen war.

Leo hatte studiert und lebte noch immer bei seinen Eltern im Haus. »Ich bin beruflich viel in der Welt unterwegs. Wozu soll ich mir also eine Wohnung mieten, wenn es im Haus einen separaten Eingang gibt?«, hatte er grinsend gefragt.

Tracy musterte ihn. Der blonde Leo mit den lockigen, widerspenstigen Haaren und den schmalen Augen hatte es ihr schon früher angetan. Ob er eine Freundin oder gar eine Frau hatte? Nach allem, was er erzählte, hatte er gar keine Zeit für eine Familie.

»Was ist mit einer Freundin?«, hatte Ingo gefragt. Und Leo hatte geheimnisvoll gelächelt. »Ich will mich noch nicht binden. Und wenn ich ›Bedarf‹ habe, kriegen meine Eltern das nicht mit ...« Die Männer hatten gelacht.

Mark saß neben Simone und unterhielt sich leise mit ihr. Tracy konnte nur vereinzelte Gesprächsfetzen verstehen, doch so, wie der attraktive Mark Simone ansah und ihr zugewandt war, gefiel sie ihm noch immer. Tracy konnte sich gut daran erinnern, dass Mark ihrer Freundin während des Unterrichts Zettelchen geschrieben und alles versucht hatte, um mit ihr »zu gehen«. Aber Simone hatte sich damals für einen anderen Typen entschieden. Wie hieß der noch mal? Klaus? Karsten? Ja, das musste es sein. Ein dunkelhaariger, schmalbrüstiger Junge mit großer Brille und dunklen Augen. Tracy hatte nicht verstehen können, was Simone an Karsten gefunden hatte. Sie selbst wäre verdammt gern mit Mark zusammen gewesen, aber es hatte nicht sollen sein. Sie seufzte unhörbar. Mark hatte auch jetzt nur Augen für Simone, die vorhin von ihrer Verlobung mit einem Jannis erzählt hatte und nächstes Jahr heiraten wollte.

Leo gesellte sich zu ihr und lächelte sie an. »Hey. Erzähl, was treibst du so?« Seine dunklen Augen bildeten einen attraktiven Kontrast zu seinem hellen Haar. Tracy fand, dass Leo sich kaum verändert hatte. Er war so groß wie sie, also eher klein. Seine Figur war schon früher schlank gewesen, und Leo war lediglich etwas älter geworden, ohne seinen jungenhaften Charme zu verlieren.

Tracy lächelte zurück. »Nichts Besonderes«, beantwortete sie seine Frage. »Ich bin Anwältin geworden, wie es mein Vater es gewünscht hat, und werde in absehbarer Zeit seine Kanzlei übernehmen.«

»Wow! Das nennst du nichts Besonderes?« Leo war beeindruckt.

»Na ja, dieser Weg war vorauszusehen. Ich habe mich den Erwartungen meiner Eltern gefügt, weil ich keine bessere Idee hatte, was ich sonst machen sollte. Außerdem muss ja jemand die Familienfirma übernehmen, nicht wahr?«

»Bist du zufrieden?«

*Überraschend einfühlsam*, dachte Tracy und schaute in Leos braune Augen. Sie zuckte mit den Schultern. »Inzwischen ja. Der Beruf ist interessant und nicht der schlechteste, muss ich sagen.« Sie nippte an ihrem Glas. »Und du?«

Leo erzählte ihr von seiner Arbeit. Im Prinzip war er so etwas wie ein »Headhunter« – immer auf der Suche nach den besten Köpfen für seine Auftraggeber. Dafür reiste er viel, begutachtete die Leute, machte Angebote und hielt Skype-Konferenzen ab – je nachdem, welche Qualifikationen gewünscht waren. »Kein leichter Job«, meinte Leo. »Man kann in die Menschen nicht reingucken, sieht nur das, was auf dem Papier steht, und das, was die Kandidaten einem bei einem Gespräch zeigen wollen.«

»Da musst du doch psychologisch geschult sein?«, fragte Tracy interessiert.

Leo grinste. »Richtig erkannt. Und jetzt sag mir, was alles in deinem Salat drin ist!«

*Eindeutig ein Themawechsel*, dachte Tracy. Was bedeutete, dass Leo nicht weiter darüber reden wollte. Hatte er ein Psychologiestudium absolviert? Wenn ja, warum machte er so ein

Geheimnis daraus? Doch sie ging auf ihn ein, erklärte ihm das Rezept ihres Bulgursalats und woher sie es hatte.

Amanda stellte sich zu Ingo an den Grill und plauderte mit ihm. »Das war eine gute Idee, sich zu treffen«, meinte sie lächelnd und blickte ihm tief in die Augen. Von dem ehemals schüchternen, pickligen Jungen war nichts mehr zu sehen. »Weißt du noch?«, raunte sie und rückte noch näher an ihn.

Ingo grinste. Oh ja, er wusste es noch, nur zu gut. Mit Amanda hatte er seine »Jungfräulichkeit« verloren. Sie hatten sich heimlich außerhalb der Clique getroffen, in einem alten Schuppen, der seinem Vater gehörte. Er hatte so oft von Amanda geträumt, von ihren Brüsten, die bereits mit siebzehn voll entwickelt gewesen waren, von ihrem Hüftschwung, den sie so gekonnt eingesetzt hatte, dass er ständig mit einer Latte herumzulaufen schien. Amanda musste das bemerkt haben – jedenfalls hatte sie angefangen, mit ihm zu flirten, hatte ihn verstohlen berührt und dann eines Tages im Kino neben ihm gesessen. Ihre Hand war in seinen Schoß gewandert, unbemerkt von den anderen, die weiter vorn gesessen waren. Sie hatte seinen Schwengel ausgepackt und ihn hingebungsvoll gewichst, bis er nicht mehr hatte an sich halten können und alles an die Lehne des Vordersitzes gespritzt hatte.

Von da an hatte er vor Erregung gezittert, bis endlich ihr erstes heimliches Treffen stattgefunden hatte. Der Schuppen war nicht aufgeräumt, aber er beinhaltete eine alte Matratze, auf der sie es miteinander getrieben hatten. Amanda brauchte ihn nur anzusehen und ihren BH auszuziehen, schon war sein Schwanz gierig vor Erwartung bereit gewesen. Es hatte ihr wohl gefallen, ihn so irrezumachen, und er hatte sich immer gefragt, mit wem sie es wohl noch so trieb, weil sie so erfahren wirkte. Sie hatte sich von ihm ficken lassen, bis sie gequietscht hatte. Dann hatte sie ihm gezeigt, was ein Mädchen mochte. Also durfte er sie lecken und küssen, ihre herrlichen Brüste anknabbern, ihre Nippel einsaugen und dann wieder vögeln. Ach, es war herrlich gewesen! Der Tag, an dem sie alle ihr Abitur in der Tasche gehabt hatten, war leider auch der Tag gewesen, an dem ihre Romanze geendet hatte.

Nun stand diese vollbusige sexy Frau in einem engen Top und ultrakurzem Jeanshöschen neben ihm und sah ihn verführerisch an. Am liebsten hätte Ingo das Fleisch auf dem Grill alleingelassen und Amanda in sein Schlafzimmer geschleppt. Doch das wäre wohl zu auffällig gewesen … Er warf einen Blick auf die anderen. Sie unterhielten sich, nippten an ihren Gläsern und achteten nicht auf ihn und Amanda. So wie damals.

Verschwörerisch grinste er Amanda an. »Was denkst du denn? Natürlich weiß ich noch!«

Sie seufzte. »Das war richtig geil damals.«

»Was ich schon immer mal wissen wollte …«, begann Ingo, während er das Fleisch auf dem Grill wendete. Es war fast fertig.

»Ja?«

»Warum ich? Schließlich war ich nicht gerade der schönste Kerl damals. Wieso nicht Mark oder Leo? Oder einer der anderen Jungs, die attraktiver waren?«

Sie dachte nach. »Mark war schon damals auf Simone heiß. Und Leo war noch eingebildeter als heute. Und ja, die anderen Jungs hätten es auch gern mit mir getrieben. Haben sie auch teilweise. Aber um es kurz zu machen: Du warst derjenige mit der Latte!« Sie grinste ihn an.

»Ach?« Ingo hob eine Braue. »Die anderen hatten keine?« Er musterte sie anzüglich von oben bis unten.

»Nicht so wie du, Süßer.« Amanda streifte ihn wie zufällig und bescherte Ingo ein interessiertes Zucken seines Schwanzes. Er nahm einen Hauch ihres Parfüms und ihres Schweißes wahr – eine Mischung, die ihn auch damals erregt hatte.

Amanda sah seinem Gesicht an, wie es um ihn stand, und

lächelte. »Puh, ist das heiß heute«, sagte sie und stellte ihr Glas auf einem Tisch ab. Dann streifte sie ihr knappes Jeanshöschen und ihr Top ab und präsentierte sich in einem Stofffetzen, der nur mit Mühe als Bikini erkennbar war. Obenrum wurden ihre Nippel notdürftig bedeckt, untenrum gerade mal ihre Scham, weil es sich um einen String handelte. »Schade, dass du keinen Swimmingpool zum Abkühlen hast«, meinte sie mit laszivem Augenaufschlag. Ihre Kleidung drapierte sie über ihrer Tasche.

Ingo starrte sie mit fast glasigen Augen an. Er schluckte schwer mit trockenem Mund und war sich der plötzlich verdammt engen Shorts nur zu bewusst. Wieder warf er einen Blick auf den Rest der Clique, dann nahm er das Fleisch vom Grill und stellte ihn vorerst aus. Mit heiserer Stimme empfahl er Amanda, doch die Dusche im Haus zu benutzen, um sich abzukühlen.

»Aber da bin ich ja ganz allein …«, hauchte sie leise zurück.

Ingo starrte sie mit gierigen Augen an und raunte: »Aber nicht lange.«

Amanda gluckste, dann verschwand sie mit schwingenden Hüften im Haus. Sie würde tatsächlich unter die Dusche gehen, um sich abzukühlen. Natürlich war ihr klar, dass Ingo sich nicht so einfach von den anderen Gästen davonschleichen konnte. Aber sie war sich sicher, ihm einen ausreichenden Anreiz für den Versuch gegeben zu haben.

Ingo stellte das Grillgut neben die Salate und lud die Clique ein. »Leute, das Essen ist fertig!« Dabei achtete er sorgfältig darauf, dass die anderen seine enorme Beule nicht sahen. Sobald alle wieder saßen, würde er sich ins Haus verziehen.

»Wo steckt Amanda?« Tracy stand neben ihm und nahm sich ein Steak.

»Im Haus, vermutlich kühlt sie sich dort ab«, sagte Ingo betont harmlos. Er nahm ein Stück Brot, tunkte es in den Kräuterdip und biss ab.

»Willst du nichts essen?« Verflixt, warum ließ Tracy nicht locker? Wieso konnte sie sich nicht weiter mit Leo unterhalten und ihn einfach nicht beachten? Ahnte sie etwas?

»Später, im Moment bin ich noch nicht hungrig.« Eine Antwort, die sie zufriedenzustellen schien.

»Fraglich, ob später noch was übrig ist«, meinte sie grinsend und ging mit ihrem vollen Teller wieder zu Leo, der bereits an seinem Steak säbelte. Nachdem auch Simone und Mark sich versorgt hatten, verschwand Ingo im Haus.

Er folgte dem Wasserplätschern, das aus dem Badezimmer zu ihm drang. Leise öffnete er die Tür und spähte zur Dusche, die hinter milchig weißem Glas verborgen war. Ein Schatten bewegte sich dahinter. Der deckenhoch geflieste Raum war nicht wie üblich mit heißem Wasserdampf erfüllt. Offensichtlich hatte Amanda es wörtlich genommen, sich unter der Dusche abzukühlen.

*Na, dann will ich ihr doch mal einheizen, damit die Dusche sich auch lohnt.* Ingo schmunzelte in sich hinein, schloss die Tür hinter sich ab und schlich zur Duschkabine. Unterwegs entledigte er sich seiner Shorts, trug jedoch noch eine Badehose. Sein Schwanz schmerzte bereits vor Sehnsucht.

Bevor er die Duschwand öffnen konnte, kam Amanda ihm zuvor. »Da bist du ja endlich!«, gurrte sie. Sie stand in der Kabine, noch immer mit ihrem sehr knappen Bikini bekleidet, und triefte vor Nässe. Die Wassertropfen perlten von ihrer braunen Haut ab, ihre normalerweise hellen blonden Haare waren dunkel wegen des Wassers. Sie lächelte und zog Ingo zu sich hinein. Ihre Haut war angenehm kühl, als sie sich an ihn schmiegte und geschickt mit einer Hand in seine Badehose griff.

Ingo keuchte. Er wusste noch von damals, wie gut sie darin war, einen Kerl aufzugeilen. Seitdem hatte er natürlich andere Frauen gehabt, aber Amanda war etwas Besonderes. Sie strich mit ihrer Hand über seinen Schaft und massierte seine Eier in der Hose, während Ingo gierig die kleinen Stoffdreiecke von ihren Nippeln schob und die harten Brustwarzen leckte.

»Oh ja! Mach weiter!«, schnurrte sie. Ihre Hand holte seine Rute ganz aus der Hose und wichste sie gemächlich, während das Wasser sanft auf sie herunterprasselte. Ingo schob seine großen Hände unter ihren knackigen Hintern, knetete ihn und sein Mund saugte sich an ihren Nippeln fest. Er schob seinen Unterleib vor, damit ihre Hände ihn von der Wurzel bis zur Spitze verwöhnen konnten.

Doch Amanda hatte anderes im Sinn. »Los, zieh das Ding aus. Ich will dich in mir spüren!«

*Nichts lieber als das*, dachte Ingo. Das Wasser war angenehm kühl, eine Wohltat gegen die Hitze draußen. Sie waren beide nass, rieben ihre heiße Haut aneinander, während er etwas ungeschickt aus seiner Badehose stieg und Amanda die seitlichen Schnüre ihres Strings löste. Der Stofffetzen fiel in die Duschwanne. Ingo presste sich an diese geile, gierige Frau, die ihm früher so häufig in seinen feuchten Träumen erschienen war. Sein harter Schwanz drängte zwischen ihre Schenkel, die sie sofort bereitwillig öffnete. Ingo hob sie hoch, lehnte sie gegen die Duschwand und Amanda schlang ihre Beine um seine Hüften.

Er war sofort in ihr. Seine Spitze pflügte durch ihre heiße Grotte, die ihn eng umfing. Keuchend drang er in sie ein. Sie war so herrlich nass, innen wie außen. Ihre Brüste schienen ihn zu hypnotisieren. Wieder leckte er an ihren Nippeln, während sie sich langsam auf seinem Spieß niederließ.

Sie stöhnte vor Lust. »Weißt du, weshalb ich mich auch mit dir getroffen habe damals?«, wisperte sie, während sie sich an seinen breiten Schultern festhielt und ihren nassen Körper an seiner Haut rieb.

»Sag es.« Ingo begann, langsam in sie zu ficken.

»Weil du so verdammt gut gevögelt hast«, grinste sie und nahm seinen Rhythmus auf.

»Dann auf ein Neues«, meinte er grinsend und küsste sie.

Ihre Lippen saugten sich an seiner Zunge fest, wie ein Versprechen oder eine Erinnerung an das, was sie früher mit seinem Schwanz getan hatte.

Ingo bewegte sich in ihr, glitt in sie und wieder hinaus, immer wieder. Er wurde schneller, bekam nicht mehr mit, dass das Wasser über ihren Köpfen noch immer auf sie nieselte, denn Amanda begann zu jauchzen, so wie früher. Er hatte es damals schon geliebt, wenn sie solche Geräusche von sich gegeben hatte. Es feuerte ihn an, abgesehen davon, dass er gar nicht mehr aufhören konnte, sie zu vögeln. Immer wieder pumpte sein Kolben in sie, ließ sie zittern und beben, jauchzen und stöhnen. Nur einmal zwischendurch ermahnte er sie, etwas leiser zu sein, weil ihre Lustschreie durch den gefliesten Raum verstärkt wurden. Sie wimmerte, weil er eine Pause eingelegt hatte und sein Schwanz heiß in ihr pulsierte. Doch erst, als sie versprach, sie wolle es versuchen, bewegte Ingo sich wieder, diesmal schneller als zuvor. Er gab ihr den Rest, fickte sie, so hart er konnte, denn er spürte, dass er kurz vor seiner Explosion stand.

Amanda konnte nicht an sich halten und schrie ihre Lust hinaus. Doch auch Ingo, dessen Schwanz von ihrer zuckenden Möse gemolken wurde, stöhnte laut, als er lustvoll kam.

Kurz darauf bewegte sich die Türklinke. »Hallo? Alles in Ordnung da drin?«, hörten sie Tracys Stimme.

Ingo und Amanda keuchten atemlos, doch er wisperte leise: »Du musst antworten, du warst lauter als ich!«

»Alles okay!«, rief Amanda zurück.

»Ich hab einen Schrei gehört … bist du hingefallen?«

»Nein …« Amanda überlegte fieberhaft, dann lächelte sie. »Ich steh nur unter der Dusche, um mich abzukühlen, und hab aus Versehen den Heißwasserhahn aufgedreht!«

»Ach so, okay …«

Beide hörten Tracy noch etwas murmeln. Es klang wie: »… Dusche abkühlen, gute Idee …«

Dann hörten sie sich entfernende Schritte und grinsten sich an.

»Heißwasserhahn, soso.« Ingo schmunzelte, während er seinen erschlaffenden Schwanz aus Amanda zog.

»Mmhm, stimmt ja auch irgendwie«, gurrte sie, als er sie herunterließ. Sie ging auf die Zehenspitzen und küsste ihn, leckte mit ihrer Zunge verführerisch über seine Lippen. »Das war herrlich erfrischend. Das schreit doch geradezu nach einer Fortsetzung, oder?«, flüsterte sie lächelnd.

»Immer gern wieder«, antwortete Ingo grinsend. Er half ihr aus der Duschkabine, dann stellte er das Wasser ab und folgte ihr. Beide trockneten sich notdürftig ab. Amanda fischte ihren String aus der Duschwanne und schlang ihn um ihre Hüften. Ingo stieg in seine nasse Badehose.

Amanda schlüpfte zuerst aus dem Bad und hinterließ feuchte Fußabdrücke auf dem Boden im Flur, als sie durch das Wohnzimmer auf die Terrasse zurückkehrte. Sie hatte zwar auch die Stoffdreiecke wieder über ihre Nippel gerückt, trotzdem starrten Leo und Mark sie fasziniert an. Der dünne Stoff klebte an ihren Brüsten und zeigte ihre harten Brustwarzen, die hindurchstachen. Außerdem war Amandas gebräunte Haut noch immer feucht von der Dusche und ihr nasses Haar ließ weitere Wassertropfen über ihren attraktiven Körper rinnen. Amanda grinste in die Runde und holte sich einen Drink in dem Bewusstsein, dass die Gespräche wegen ihr verstummt waren und alle Augen sie abtasteten.

»Amanda hat sich in der Dusche abgekühlt«, brach Tracy das Schweigen. »Eigentlich eine gute Idee, findest du nicht?«, wandte sie sich an Leo. Der löste seine Augen von der fast nackten Frau und drehte sich wieder zu Tracy um. In ihren Augen las er etwas, das ihm bisher noch nie aufgefallen war. Es waren schöne Augen, wie er bemerkte. Und sie sahen ihn fast sehnsüchtig an.

»Ja, eine sehr gute Idee. Wie gut, dass ich eine Badehose dabeihabe, weil ich irgendwie davon ausging, dass Ingo einen Swimmingpool hat. Apropos … wo steckt unser Gastgeber?«

In diesem Moment trat Ingo aus der Terrassentür ins Freie. Zwar bekleidet, jedoch für jeden sichtbar nicht wie zuvor in Shorts, sondern in einer Badehose. Außerdem waren Haare und Körper feucht. Als er sich umblickte, sahen ihn verdutzte Augenpaare unter erhobenen Brauen an.

»Ach. Warst du auch unter der Dusche?« Leo blickte ihn spöttisch an.

Ingo wurde bewusst, dass er einen Fehler gemacht hatte. Er hatte nicht bedacht, dass die anderen bemerken würden, dass er ohne Shorts und mit Wassertropfen zurückgekehrt war. Im ersten Moment war er versucht zu leugnen, aber wie sollte er sonst sein Aussehen begründen? Also trat er die Flucht nach vorn an und grinste breit. »Ja, war ich. Ist echt eine klasse Abkühlung – jedem zu empfehlen. Badetücher liegen bereit. Ich dachte halt, wenn ich schon keinen Swimmingpool habe …«

»Allein?« Jetzt war es Tracy, die ihn prüfend ansah. Anhand der leichten Färbung, die Ingos Wangen annahmen, erkannte sie, wie es stand. Doch bevor sie nachbohren konnte, zog Leo sie an der Hand ins Haus.

Seine Augen glitzerten, als er die Badezimmertür hinter ihnen verschloss und sich zu ihr umwandte.

»Süße … das war doch die Vorlage, die wir brauchten, oder?« Er trat dicht vor Tracy und knöpfte langsam ihre ärmellose Bluse auf. Darunter kam ein buntes Bikinioberteil zum Vorschein. Leo wollte dieses süße Mädchen schon die ganze Zeit vögeln, hatte aber nicht gewusst, wie er es anstellen sollte. Schon früher, in der Klasse, hatte er sie heimlich beobachtet und sich in der Clique alle Mühe gegeben, so oft wie möglich mit ihr zu reden. Doch mehr hatte er sich nie getraut. Jetzt, endlich, nachdem Ingo und Amanda es ganz offensichtlich miteinander getrieben hatten, konnten die Dämme brechen. Und was Leo vorhin in Tracys Augen gesehen hatte, ermutigte ihn.

Tatsächlich war Tracy froh, dass Leo sie sozusagen verschleppt hatte, weg von den anderen. Sie presste sich dicht an ihn, während er sie küsste. Sie spürte die Beule in seiner kurzen Hose und rieb sich mit ihrem Unterleib daran. Eigentlich hatte sie spöttisch bei Ingo nachbohren wollen, etwa: »Echt jetzt?« Sie hatte wissen wollen, wie lang das mit den beiden schon ging und ob sie schon früher miteinander gevögelt hatten. Aber das konnte warten, denn jetzt war sie damit beschäftigt, Leo die Kleidung vom Leib zu reißen und seinen Schwanz auszupacken. Er streifte ihr geschickt die Bluse und den kurzen Rock ab, bis sie nur noch im Höschen dastand. Auch das riss er von ihr, und als er so vor ihr kniete, näherte seine Zunge sich ihrer Kirsche und leckte daran. Tracy warf lustvoll den Kopf zurück.

Draußen saß Simone wie erstarrt neben Mark und beobachtete Amanda und Ingo, die nebeneinanderstanden und sich unterhielten, beide mit Teller und Gabel in den Händen. Sie konnte nichts von dem Gespräch verstehen, aber die beiden schienen sich über frühere Zeiten zu unterhalten. Als Mark sie nun wieder ansprach und sie fragte, wie sie ihre Clique erlebt hätte, wandte sie den Kopf und sah ihn an. »Eigentlich fand ich es immer ganz lustig mit euch. Wir haben einiges miteinander erlebt. Weißt du noch, damals im Schwimmbad? Der Bademeister, der die hübschen Mädels begafft hat und mit einem Ständer rumlief?« Sie lachten beide. Zu spät fiel Simone ein, dass Mark manchmal ebenfalls eine Ausbuchtung in seiner Hose gehabt hatte, wenn er neben ihr gelegen war. Ob er etwa auch …?

Leo zog Tracy unter die Dusche und stellte das Wasser an. Sanft rieselte ein kühler Schauer auf sie beide herab. Tracy schloss die Augen und hob ihr Gesicht dem Nass entgegen. Sie fühlte sich erhitzt, nicht nur äußerlich. Sie brannte vor Leidenschaft. Leo hatte sie gerade so intensiv geleckt, dass sie kurz davor gewesen war, zu kommen. Er schien von ihr zu trinken, so nass war sie inzwischen. Doch dann hatte er aufgehört und sie unter den Duschkopf gezogen. Wenn es nach ihr gegangen wäre, hätte er sie gleich dort auf dem Badezimmerteppich nehmen können!

Aber als sie beide von oben bis unten nass geregnet waren, verstand Tracy, warum Leo mit ihr duschen wollte. Es war noch geiler, die feuchte Haut aneinander zu reiben, heiß und kühl zugleich. Sein harter Schwanz verlangte nach ihr, er drängte zwischen ihre Beine, und sie nahm ihn sanft zwischen ihre Schenkel, um ihn zu reizen, während Leo sie küsste. Seine Hände schienen überall zu sein. Sie massierten ihren Hintern, fuhren über den Rücken, fassten sie im Nacken. Sein Mund war ebenfalls aktiv – er streifte ihre Lippen, ihre nassen Haare, wanderte in ihre Halskuhle und weiter zu ihren Brüsten, deren Nippel sich erregt vor Lust und Nässe zusammengezogen hatten. Wann wollte der Kerl sie endlich ficken?

»Dreh dich um«, murmelte Leo schließlich. Seine Hände lagen auf ihren Hüften, drehten sie, bis sie mit dem Rücken zu ihm stand. Das Wasser rieselte auf ihre Schultern, rann ihren Rücken hinab und zwischen ihre kleinen, festen Pobacken. Leo streichelte ihre nasse Haut, dann bedeutete er ihr, sich vorzubeugen. Tracy hielt sich an der Stange fest, die seitlich an den Fliesen angebracht war, bog ihren Rücken durch und streckte Leo den Hintern entgegen. Endlich, endlich würde er sie ficken, dachte sie erwartungsvoll. Seine Rute setzte zwischen ihren Schamlippen an, rieb sie mit seiner Spitze. Sie spürte seine Hand, die ihr Bein umfasste, und seine Finger, die von vorn ihre Klit streichelten. Sie spreizte ihre Schenkel, so weit sie konnte, und endlich drängte er sich in sie, füllte sie aus und nahm sie in Besitz.

Tracy stöhnte. Leos Finger streichelten ihre Kirsche so geschickt, dass ihre Knie vor Lust einzuknicken drohten. Sie wusste zunächst nicht, wohin sie sich zuerst bewegen sollte: seinem Finger entgegen, der im Begriff war, sie wahnsinnig zu machen, oder seinem harten Schwanz entgegen, der sie von hinten stieß. Doch nach den ersten Stößen hatten beide ihren Rhythmus gefunden. Tracy gab Leo Widerstand, sie wimmerte vor Erregung und konnte keinen klaren Gedanken mehr fassen.

Auf der Terrasse brütete die Hitze. Die Sonne brannte erbarmungslos vom Himmel. Trotz der Schatten spendenden Sonnenschirme, die etwas Kühle vorgaukelten, saßen Simone und Mark in ihrem Saft und bemühten sich, ein Gespräch in Gang zu halten. Vor allem Simone war es heiß, und nicht nur wegen der Hitze. Dagegen machte Mark den Eindruck, als könnte sie ihm kaum etwas anhaben. Auf seiner Haut war kein Schweißtropfen zu sehen. Er war so nahe an Simone herangerückt, dass sie sein Rasierwasser und seinen männlichen Duft riechen konnte. *Sehr männlich*, dachte sie. Sie ertappte sich bei der Vorstellung, wie es wäre, mit Mark zu vögeln, und rief ihre Gedanken sofort zurück. Sie war mit Jannis verlobt, einem Mann, der sie liebte und ihr den Himmel auf Erden versprochen hatte. Warum also wanderten ihre Gedanken in eine verbotene Richtung? Es musste an der aufgeheizten Stimmung liegen, die Amanda und Ingo verbreiteten. Die beiden lachten gerade miteinander, und wenn Simone das richtig sah, hatte Ingo bereits wieder eine Beule in der Hose, weil Amandas Stoffdreiecke leicht verrutscht waren und ihre Nippel vorwitzig herauslugten. Eine Szene, die Simone irgendwie antörnte.

Sie erinnerte sich daran, wie enttäuscht Mark geguckt hatte, als sie mit Karsten gegangen war. Karsten war auf den ersten Blick vielleicht nicht sonderlich attraktiv gewesen, aber er hatte schöne Augen und einen sensiblen Mund gehabt. Und eine bestimmte Art, sie anzugucken, die ihr Innerstes zum Zittern gebracht hatte. Karstens Küsse hatten sie erregt und sie war mehr als eine Nacht in ihrem Bett gelegen und hatte sich selbst befriedigt. An Mark dagegen hatte sie auf diese Weise nie gedacht. Mark war einfach … Mark. Ein Kumpel, mehr nicht. Aber jetzt, als er so neben ihr saß und sie so seltsam ansah …

»Erde an Simone!«

»Was?« Sie tauchte wieder aus ihren Erinnerungen auf. Hatte er sie etwas gefragt?

»Hast du eigentlich zugehört?«

»Äh …« Nein, hatte sie nicht. Er musste von ihr denken, er wäre ihr völlig gleichgültig. Dabei entdeckte sie doch gerade erst, wie sexy dieser Mark eigentlich war … »Entschuldige«, sagte sie zerknirscht.

»Schon gut. Es ist nicht wichtig.« Er wandte sich enttäuscht ab.

Sollte sie das zulassen? Sie legte ihre Hand auf seinen Oberschenkel und sah ihn bittend an. »Bitte. Sag es noch mal. Ich musste gerade an unsere Clique denken, an früher.«

Mark lächelte, dann fragte er versöhnlich: »Hast du jemals gemerkt, dass ich auf dich stehe?«

Simone war verwirrt. *Stehe? Gegenwart?* Sie schüttelte den Kopf. »Ehrlich gesagt, nein. Früher nicht.« Sie pustete sich eine Strähne aus der Stirn. »Mir ist so verdammt heiß!«

Leo vögelte Tracy, bis sie schrie. Ihre Hände hielten sich krampfhaft an der Stange fest. Sie zitterte vor Erregung, drängte sich Leo entgegen, nahm jeden Stoß von ihm auf und hörte das Klatschen seines nassen Unterleibs an ihrem. Ein Laut, der ihre Geilheit nur noch mehr anfachte. Sie spürte, wie sich ihr

Höhepunkt aufbaute. Ihr Becken wurde schwer vor Lust, ihre Möse prickelte und ihre Kirsche war unter Leos Fingern sowohl taub als auch äußerst empfindsam geworden. Tracy hatte das Gefühl, gleich zu platzen. Alles in ihr drängte zu dieser Explosion hin, die unausweichlich wurde. Es gab kein Zurück mehr.

Unter heftigen Zuckungen kam sie, ihr wurde fast schwarz vor Augen. Sie spürte Leos heißen Samen in sich und wie er sich fest in sie presste. Keuchend und knurrend pumpte er seinen Saft in sie, während sie ihre festen Arschbacken an ihn drängte. Beide verharrten atemlos ein paar Sekunden lang, in denen nur das leise Nieseln der Dusche zu hören war, bevor sie sich voneinander lösten.

»Verdammt, war das geil.« Leo klatschte auf Tracys Hintern. Sie richtete sich auf und drehte sich um, legte ihre Arme auf seine Schultern. »Heißer Sex und kühle Dusche – perfekt …« Sie küsste ihn.

Als Leo und Tracy Hand in Hand in ihren nassen Badesachen aus der Terrassentür traten, ergriff Mark die Initiative. Natürlich wusste er, dass Simone mit einem Typen verlobt war und ihn zu heiraten gedachte. Aber sie war schon immer für ihn der Inbegriff der Weiblichkeit gewesen. Und im Gegensatz zu früher, als sie sich für Karsten entschieden hatte, wollte er sich jetzt nicht kampflos geschlagen geben. *Jetzt oder nie*, dachte er. Er stand auf, reichte Simone die Hand und sah ihr tief in die Augen. »Lass uns jetzt gehen und uns abkühlen.« Er lächelte sie an. Würde sie auf sein Angebot eingehen? So verlangend, wie sie ihn vorhin angesehen hatte, standen die Aussichten nicht schlecht für ihn. Er würde sagen: fünfzig zu fünfzig. Die nächsten Sekunden waren entscheidend.

Simone sah Mark an, sah sein attraktives Gesicht, die durchtrainierte Figur, seine sensiblen Hände, seine schönen Augen – und fragte sich, warum dieser Mann ihr nicht schon als Junge aufgefallen war. Wie hypnotisiert legte sie ihre Hand in seine und ließ sich von ihm hochziehen. Sie folgte ihm ins Haus und ins Badezimmer, wo er sie zärtlich küsste und entkleidete, bevor sie bei ihm dasselbe tat. Die erstaunten Blicke der anderen aus der Clique hatte sie nicht mehr wahrgenommen, auch nicht ihr leises Tuscheln gehört. Was scherte sie noch die Meinung der anderen? Hier war ein sexy Typ, der sie schon immer begehrt hatte und sie soeben unter die kühle Dusche zog, deren Wasser zwar ihre Haut abkühlte, doch ihre Leidenschaft entfachte. Ein Mann, dessen harter Schwanz nichts zu wünschen übrig ließ, weil er sie heiß ausfüllte und heftig vögelte, während sie ihre Hände in Marks Schultern krallte und es genoss, wie glitschig ihre Körper sich aneinander rieben. Ein Kerl, der sie laut zum Stöhnen brachte, weil er ahnte, welche Lustpunkte er drücken musste, um sie kurz vor den Höhepunkt zu bringen. Woher wusste er nur, wie geil es war, so hart geleckt und von seiner Zunge gefickt zu werden? Oder wie erregend seine Hände auf ihren Brüsten waren, wenn er ihre Nippel zwirbelte? Sie nahm seine Rute in den Mund und saugte daran. Woher wusste er, dass sein Stöhnen sie nur noch gieriger machte?

Simones Lustschreie erfüllten den Raum und hallten von den gefliesten Wänden wider. Mark gab sein Bestes und befriedigte sie auf eine Art und Weise, die sie nie für möglich gehalten hätte. Sogar zwei Mal. Erschöpft ließ sie das Wasser über ihren Körper rinnen und ließ sich von ihm festhalten, in dem Wissen, dass sie die Verlobung mit Jannis komplett neu überdenken musste, wenn sie keinen Fehler begehen wollte.

Als Mark sie zärtlich küsste und beide ausreichend abgekühlt waren, seufzte sie glücklich.

Er sah sie fragend an.

»Was für ein Klassentreffen«, meinte sie grinsend.

»Oh ja!«

# Heisses Verlangen vor dem Kühlschrank

38 Grad. Die Stadt flirrte vor Hitze und wie Tammy in den Nachrichten aufgeschnappt hatte, würde die Hitzewelle in diesem August noch einige Zeit anhalten. Vom Dachfenster ihrer Wohnung aus blickte sie über die Hausdächer hinüber zum dunstigen Horizont, wo sie den Schwarzwald heute nur erahnen konnte. Sie wartete auf Paul, ihren Freund, mit dem sie vor einem Jahr zusammengezogen war. Die Wohnung war sehr günstig, dafür verwandelte sie sich im Sommer in einen Hochofen – trotz der Verdunkelungen, die sie tagsüber fest schlossen. Nachts öffneten sie sämtliche Fenster und die Balkontür in der Hoffnung, einen kühlenden Lufthauch zu erhaschen, doch auch das klappte nicht immer.

Tammy sehnte sich nach Kühle, wie jeder der stöhnenden Einwohner der Stadt. Manche fuhren an einen See in den Schwarzwald, aber Paul und sie hatten als Studenten wenig Geld und mussten es gut einteilen. Sie seufzte und wandte sich vom Fenster ab. Selbst eine kalte Dusche hielt nicht besonders lange vor. Nackt legte Tammy sich wieder auf die zerknüllten Laken im Bett und wartete darauf, dass Paul vom Einkaufen zurückkäme.

Sie hatten sich vor knapp zwei Jahren in einer der Studentenkneipen kennengelernt. Paul war dort mit seinem Kommilitonen aufgekreuzt, sie selbst stand mit ihrer Freundin Alice gerade am Tresen und bestellte sich ein Bier. Tammy konnte sich noch gut daran erinnern, wie ihre Blicke sich gekreuzt hatten – er mit seinem wuscheligen dunkelblonden Haar, dem schmalen Kinn, den großen Augen. Sie selbst mit langen, schwarzen Haaren, braunen Augen, vollen Lippen.

Alice und sie hatten über die verflossene Liebe ihrer Freundin geredet und Trübsal geblasen, als Paul sich neben sie gestellt hatte. Und dieser erste Blick zwischen ihnen … Es war elektrisierend gewesen. Mitten im Satz hatte sie den Mund geschlossen, in diese großen, lächelnden Augen gestarrt und gedacht: *Mein Gott, das ist er!*

Sie verstanden sich fast ohne Worte. Paul war so dicht neben ihr gestanden, dass sie ihn riechen konnte – männlich, frisch, betörend. Ihre Spalte hatte zu pochen begonnen, ihre Haut war heiß und empfindsam gewesen. Jeder Nerv war auf Paul ausgerichtet. Als sie dann zur Toilette gegangen war, um sich wieder zu fassen, war er ihr gefolgt. Dort unten, am Fuß der Treppe, waren sie einander gegenübergestanden und wie auf Kommando übereinander hergefallen. Seine Lippen hatten sie erobert, diese sinnlichen, fordernden Lippen … In einer verborgenen Nische waren sie durch eine schmale Tür getaumelt, auf der »Nur für Personal« stand, und hatten sich gegenseitig hastig ausgezogen. Sein Mund hatte jeden Zentimeter ihres Busens erforscht, seine Hände hatten in ihrem Höschen gewühlt, bis sie es nicht mehr ausgehalten und gestöhnt hatte, er solle es ihr endlich machen. Daraufhin hatte sein prächtiger Stab sich in sie geschoben, hatte sie massiert, bis sie stöhnend und schluchzend gekommen war, während Paul sie zitternd so lange gevögelt hatte, bis er sich keuchend in ihr ergoss.

»So etwas habe ich noch nie erlebt«, hatte er ihr gestanden. Sie dachte zuerst, er meinte, mit einer Frau zu schlafen, doch das war es nicht. Er meinte die aberwitzige Situation, sich eine Viertelstunde nach dem ersten Blickkontakt zu vögeln.

»Ich auch nicht«, hatte sie ihm lächelnd zugestimmt und gedacht, dass der Zauber nun vermutlich vorbei wäre. Aber dem war nicht so: Sie schienen wie aufeinander fixiert, konnten nicht genug voneinander bekommen, verbrachten jede mögliche freie Minute miteinander und vor allem mit Sex. Tammy fragte sich ab und zu, was es eigentlich war, das Paul so anziehend für sie machte. Sie fand keine befriedigende Antwort, aber sie genoss es in vollen Zügen. Und nachdem sie sowieso ständig miteinander übernachteten, hatten sie eines Tages beschlossen, zusammenzuziehen und ihr Geld zusammenzulegen. Es hatte den Vorteil, dass sie sich zwischendurch mal ihrem Studium widmen konnten, anstatt ständig an den anderen zu denken. Doch jetzt in den Semesterferien verschwendeten sie keine Zeit mit Lernen.

Tammy trank das lauwarme Wasser, das neben ihrem Bett stand, und verzog angewidert das Gesicht. Wenigstens Eiswürfel mussten in ihr Getränk. Seufzend stand sie auf. Da hörte sie das Türschloss und Paul, der schnaufend in die Wohnung trat.

»Hey!« Er küsste sie lächelnd auf den Mund, dann sah er sie mit glitzernden Augen an, weil sie nackt vor ihm stand. Tammy wusste, was er dachte – er liebte es, sie im Evakostüm zu sehen, und kam jedes Mal auf den gleichen Gedanken.

Sie grinste. »Lass uns die Einkäufe einräumen«, neckte sie ihn und nahm ihm eine Tüte ab. Sie spürte seine Hand auf ihrem Rücken und es war wie jedes Mal, wenn er sie berührte: Die Lust durchfuhr sie wie ein Stromstoß, ihre Brustwarzen zogen sich zusammen, zwischen ihren Beinen zog es sehnsüchtig und sie konnte an nichts anderes als an Sex mit Paul denken. Trotzdem schaffte sie es, ein paar Sachen in den Kühlschrank und in die Schränke zu räumen, bevor Paul sie mit seinem Mund völlig irremachte. Er hielt sie zärtlich mit den Armen umfangen und drückte seine heißen Lippen auf ihre Haut. Sie quietschte, weil es kitzelte und ihr eine Gänsehaut bescherte. Dann endlich konnte sie sich ganz ihm widmen.

Pauls Haare waren an den Schläfen schweißnass. Er trug ein Tanktop und eine kurze Shorts, seine braunen Füße steckten in leichten Sandalen, die er nun von den Füßen streifte. Tammy roch seinen Schweiß, sie sog den Duft tief ein, weil er sie antörnte. Paul schien es mit ihr ebenso zu gehen, denn er schnupperte intensiv an ihrer Haut, während er sie in Richtung Badezimmer schob. Es war so winzig, dass sie zu zweit kaum Platz darin hatten. Trotzdem liebten sie es, gemeinsam in der engen Duschkabine zu stehen, ihre nasse Haut aneinander zu reiben und sich gegenseitig einzuseifen und zu erregen. Leider war die Kabine für Sex zu klein, was sie jedes Mal bedauerten. Also taumelten sie eng umschlungen wieder aus dem Bad, küssten sich und fielen auf dem zerwühlten Bett übereinander her.

»Diese Hitze«, murmelte Tammy zwischen zwei Küssen. »Man weiß nicht mehr, ob die Feuchtigkeit auf der Haut Schweiß oder Duschwasser ist …«

Paul lächelte. »Ist das nicht egal?«, fragte er. »Beides soll abkühlen …« Seine Lippen wanderten über Tammys Brüste hinunter zu ihrem Bauch. Sie hielt verzückt den Atem an, wölbte sich ihm entgegen. Seine Hände lagen auf ihren Brüsten, kneteten und massierten sie leicht. Sie liebte es, wie er sie anfasste, sie auf Touren brachte. Woher wusste er, was ihr gefiel? War es Magie?

Sein Mund glitt hinunter, streifte die Haut ihrer Oberschenkel, dann verweilte er dort, wo sie bereits brannte. Nur allzu willig öffnete sie ihre Beine und seufzte sehnsüchtig voll Erwartung, dass er – entgegen ihrem Bestreben, etwas Kühle zu finden – sie heißmachte. Und Paul enttäuschte sie nicht. Seine Lippen öffneten sich, seine Zunge kitzelte ihre empfindsamen

Schamlippen, teilte sie und leckte an ihrer glitzernden Feuchtigkeit, die dazwischen hervorquoll. Sie suchte ihre Kirsche, die sich gierig anschwellend der Berührung entgegenreckte, und fand sie. Sanft leckte Paul über den Lustknoten, hörte Tammy vor Lust jauchzen und spürte ihr Beben, wie sie sich ihm entgegendrängte.

Noch nie zuvor hatte er eine Frau getroffen, die nicht genug vom Sex bekommen konnte, genauso wie er. Tammy war etwas Besonderes: Sie war schön, leidenschaftlich und klug. Das vergangene Jahr mit ihr war von unersättlicher Gier und Höhepunkten geprägt gewesen, und Paul hatte nicht vor, etwas daran zu ändern. Höchstens, die Häufigkeit noch zu erhöhen … Er grinste bei diesem Gedanken und fuhr damit fort, seine Freundin zu stimulieren. Sein Schwanz war bereits hart geworden, als er zur Tür hereingekommen war und Tammy nackt vor sich gesehen hatte. Dieser Sommer war wenigstens in dieser Hinsicht praktisch!

Zielsicher leckte er über ihre Kirsche, ließ seine Zunge mit kleinen Schlägen in die nasse Möse schnellen und griff mit beiden Händen unter Tammys kleinen Hintern. Sie hob ihm ihr Becken entgegen und ihre Hände krallten sich in das feuchte Laken unter ihr, während sie den Kopf hin und her warf. Paul liebte es, wenn sie Fahrt aufnahm, wenn er sie immer wieder bis kurz vor ihre Explosion brachte, um sie nach einer kurzen Pause über ihre Grenze zu schubsen. Sie war dann wild und hemmungslos, vergaß alles um sich herum und ließ sich ficken, bis sie laut schreiend kam. Sein Stab pochte schmerzhaft bei diesem Gedanken und er presste seine Lippen fest auf ihre Spalte und trank von ihr. Tammy quietschte laut.

Sie waren beide schweißbedeckt, die Wohnung war stickig, doch für den Augenblick vergaßen sie alles um sich herum.

Paul hörte an den Geräuschen, die seine Freundin jetzt von sich gab, dass es nicht mehr lange dauern konnte, bis sie über die Lustklippe springen würde. Daher nahm er seinen Mund von ihrer Möse und rutschte nach oben, legte sich vorsichtig auf ihren Körper, stützte sich rechts und links von ihr ab. Er küsste sie, damit sie sich selbst schmecken konnte. Ihre Beine schlangen sich um seine Hüften und zogen ihn an ihre Muschi. Sein Schwanz fand den Weg von selbst, für ihn schien es wie ein Nachhausekommen zu sein. Er tauchte tief in ihre enge, heiße, nasse Möse und füllte sie komplett aus.

Tammy bewegte ihr Becken und zog gleichzeitig mit ihren Unterschenkeln Pauls Hintern zu sich heran. Sie brauchte Reibung, brauchte endlich den Fick. Sie war so weit, sich davontragen zu lassen, und sie war ungeduldig. Sie feuerte Paul an, sie hart zu nehmen: »Fick mich endlich!« Wild warf sie sich ihm entgegen, veranlasste ihren Freund dazu, ihr Tempo aufzunehmen, und wusste genau, dass er sich ihr kaum entziehen konnte – trotz aller Selbstbeherrschung, die er versuchte, an den Tag zu legen. Letzten Endes würde er sie rammeln, bis ihr Hören und Sehen verging, darauf spekulierte sie.

Sie behielt recht. Paul schaffte es nicht, sich zu beherrschen, und vögelte sie heftig, während er sich mit beiden Händen neben ihrem Körper abstützte. Sein Unterleib pumpte in sie, sein Schwanz kam nach jedem Stoß glänzend und süchtig nach ihrer Spalte wieder zum Vorschein – nur um sich erneut in sie zu versenken. Er spürte, wie sie ihre Muskeln bewegte, um ihn zusätzlich zu massieren. Ihre Leiber prallten in diesem unglaublich schnellen Ficktempo aufeinander, ihr Keuchen und Stöhnen wurde immer lauter. Letzten Endes waren beide nur noch bestrebt, sich gegenseitig die höchste Lust zu schenken, und konnten keinen klaren Gedanken mehr fassen. Tammy warf sich ihm mit weit geöffnetem Mund entgegen. Ihre runden

Brüste waren geschwollen – ein Anblick, den er liebte und der ihn noch geiler machte. Sie drängte ihm ihr Becken entgegen. Alles in und an ihr war vor Erregung geschwollen, die Nippel hart zusammengezogen. Paul fickte sie, bis sie endlich schrie, bis er ihre Muskelkontraktionen an seinem Schwanz spürte, die auch ihn zur Explosion brachten und ihn leer molken.

Sie war so geil.

Keuchend und atemlos lagen sie halb übereinander. Der Schweißfilm auf ihrer Haut glänzte, und wo sie Haut an Haut lagen, war es klebrig und glitschig.

Tammy stöhnte wegen der Hitze. »Wenn es doch nicht so stickig wäre!«

Paul stützte sich auf den Ellbogen auf und betrachtete seine Freundin von der Seite. Sie war schweißbedeckt, mit rotem Gesicht – ob vor Hitze oder Erregung, konnte er nicht sagen.

»Ich besorge dir was zu trinken«, versprach er und ging in die Küche. Er füllte ein Glas mit Saft, gab ein paar Eiswürfel dazu und kehrte zurück. So praktisch es im Winter war, um die Wärme in der Wohnung zu halten, im Sommer waren Teppichböden nicht das Beste. Sowohl Schlaf- als auch Wohnzimmer und Flur waren mit einem kurzflorigen Teppich ausgelegt. Lediglich in der Küche lag nur ein kleiner Läufer vor dem Herd auf dem Laminat. Vielleicht hielt der Teppichboden die Wärme in der Dachwohnung fest?, überlegte Paul, während er Tammy das Glas reichte. Sie trank es in einem Zug leer und verlangte nach mehr. Noch einmal trottete er in die Küche und merkte, dass seine Gedanken darum kreisten, wie sie die Wohnung abkühlen könnten. Selbst der Sex war in dieser Hitze mühsam, dachte er und trank ebenfalls etwas. Dann kehrte er ins Schlafzimmer zurück.

***

Am Abend kam eine leichte Brise auf und sie öffneten alle

Fenster sowie die Balkontür, in der Hoffnung, dass die Brise durch die stickige Wohnung ziehen und die Hitze mitnehmen würde. Es war bereits nach 22 Uhr und Paul trat Hand in Hand mit Tammy auf den Balkon, der von den Nachbarn nicht eingesehen werden konnte. Er war groß genug, um sich dort zu zweit aufzuhalten. Seufzend vor Erleichterung ließ Tammy sich auf dem gepolsterten Lehnstuhl nieder.

»Endlich!« In dem schummrigen Licht, das von drinnen herausschien, konnte Paul ihren nackten Körper sehen. Sie hatten den Rest des Tages dösend im Bett verbracht, gegen Abend etwas Leichtes zu Essen gekocht und darauf gewartet, dass die Sonne unterging.

Mit der leichten Kühle des Abends kehrten ihre Lebensgeister zurück. Das weiche Licht zeichnete die weiblichen Umrisse seiner Freundin nach. Paul betrachtete sie und sein Schwanz erhob sich interessiert, was Tammy nicht verborgen blieb.

Sie lächelte. »Na, Süßer? Wieder da?«, gurrte sie und streckte die Hände nach ihm aus. Paul trat vor ihren Stuhl. Ihre Hände umfassten seinen Stab, der sich ihr ermunternd entgegenreckte, und streichelten seinen Schaft. Als er vollends hart war, näherte sie ihre Lippen seiner Spitze und Paul schloss verzückt die Augen. Er wusste, was jetzt käme.

Tammy leckte sanft die ersten Lusttropfen von seiner Eichel, dann umschlossen ihre Lippen die samtene Spitze. Ihre Zunge schnellte neckisch vor, tupfte in das kleine, gierige Loch und reizte diesen heißen Stab, der in ihren Händen zu vibrieren schien. Paul schob langsam seine Hüften vor und zurück und Tammy nahm seine Bewegung auf. Ihre Hand wichste ihn sanft, dann fuhr sie mit der Handfläche über seine geschwollenen Eier und massierte sie. Ihre Zunge folgte. Paul spürte, wie sie ihn von der Spitze bis zur Wurzel ableckte und ihre Lippen seine Hoden umschlossen. Sie saugte sie zärtlich in ihren Mund

und entließ sie schmatzend wieder. Ihre rechte Hand umfasste seinen Hintern, knetete ihn, während die linke sich an seinem Damm zu schaffen machte, ihn massierte und rieb. Für Paul war das eines der geilsten Dinge, die Tammy mit ihm machen konnte. Er stöhnte und warf den Kopf zurück, gab sich ganz diesem erregenden Gefühl hin.

Seine Freundin hörte nicht auf, ihn zu massieren, doch irgendwann merkte Paul, dass eine Hand von seinem Körper verschwunden war, und er öffnete die Augen. Wie er bereits vermutet hatte, lag diese Hand nun zwischen Tammys Schenkeln und wichste langsam ihre Perle, während ihr Mund ihn weiter verwöhnte. Er grinste. Seine Freundin war so heiß, ihre Spalte so schnell nass, dass sie es nicht erwarten konnte, sich zu stimulieren. Der Anblick geilte ihn noch mehr auf. Er legte eine Hand auf ihren Hinterkopf und zog ihn rhythmisch zu sich. Sein Stab verschwand nun fast ganz in ihrem heißen Mund, ihre Zunge reizte ihn, indem sie mit schnellen Schlägen über seine empfindliche Spitze fuhr, sie mit Speichel benetzte und geschmeidig hielt. Lange würde er nicht mehr an sich halten können, dachte Paul und beobachtete Tammys Hand, die immer schneller zwischen ihren Beinen arbeitete. Die frische Brise strich über seine Haut und trocknete den Schweiß. In der Ferne konnte er die Lichter der Stadt sehen, die ihm zublinkten.

Tammy keuchte vor Lust. Dieser leckere Stab machte sie wahnsinnig! Sie wollte ihn endlich in sich spüren, von ihm genommen werden, doch sie wusste auch, wie sehr Paul es liebte, wenn sie ihm einen Blowjob verpasste. Also machte sie weiter. Ihre Lippen saugten immer heftiger an ihm, ihre Finger schlüpften in ihre nasse Spalte, strichen über ihre Klit, ließen sie anschwellen und unruhig auf dem Polster hin und her rutschen.

Als sie es nicht mehr aushielt, entließ sie Pauls Schwanz schmatzend aus ihrem Mund und sagte heiser: »Schnell. Ich brauche es.«

Sie stand auf, drehte sich um und kniete sich auf den Lehnstuhl. Sie reckte ihm ihre Möse entgegen, und Paul konnte selbst in dem wenigen Licht erkennen, dass ihre Schamlippen vor Gier weit auseinanderklafften. Er trat dicht hinter sie. Dieser geile Hintern … Ein sanfter Klaps ließ Tammy quietschen, dann streichelte er über die Stelle, nur um ihr einen weiteren Klaps zu versetzen, in dem Wissen, dass die Abwechslung zwischen leichten Schlägen und sanftem Streicheln ihre Lust ins Unermessliche steigerte. Tammy stöhnte unter seinen Schlägen, ihre Schamlippen schwollen weiter an und ihre Nippel waren hart wie nie. Sie bewegte sehnsüchtig ihren Hintern. Konnte er sie nicht gleichzeitig ficken und ihr leichte Schläge verpassen?

Als ob Paul ihre Gedanken gelesen hätte, packte er nun ihre Hüfte und drang mit einem Schwung in sie ein. Tammy schrie leise auf. Sein Stab eroberte sie lustvoll, rieb ihre empfindlichste Stelle und ließ sie alles um sich herum vergessen. Sie hatten schon öfter Sex auf dem Balkon gehabt, in dem Wissen, dass kein Nachbar sie dabei beobachten konnte. *Höchstens hören*, dachte Tammy schmunzelnd, bevor Paul erneut in sie stieß. Seine Hände krallten sich in ihre Hüften, er zog sie bei jedem Fick an sich heran, grunzend und knurrend vor Lust. Tammy hielt sich an der Lehne fest, um nicht vom Stuhl zu fallen. Sie gab ihm stöhnend Widerstand, spürte seinen harten Schwanz in sich arbeiten und ihren Orgasmus nahen. Sie musste triefen vor Nässe.

Paul zog das Tempo an. Sein Stab pumpte wie ein Kolben in Tammy, er sah ihn in dem schwachen Licht immer wieder von ihrem Mösensaft benetzt zum Vorschein kommen. Der Anblick erregte ihn, geilte ihn auf, brachte ihn fast zum Bersten, doch noch immer fickte er in sie hinein, konnte nicht aufhören und hörte Tammy immer lauter stöhnen. Er sah ihre Brüste mit jedem Stoß hin und her schwingen und ihre harten Nippel über das Polster streifen. Erregte sie das zusätzlich?

Als sie kam, wölbte sie ihren Rücken und stieß einen lauten Schrei aus. Dann wimmerte sie und er spürte ihre Zuckungen. Nur noch ein paar Stöße, dann war auch er da. Seine Muskeln zogen sich zusammen und Paul presste sich tief in sie hinein, während er seinen Saft verströmte.

Ihre Körper waren mit Schweiß bedeckt. Selbst die leichte Brise, die sie vorhin noch gespürt hatten, war nicht mehr da. Die Hitze des Tages stieg von den Mauern hoch, umhüllte sie beide auf dem Balkon, während sie sich allmählich von dem heißen Fick erholten. Sie würden beide wieder duschen gehen, versuchen, ihre Körper vor dem Schlafengehen noch einmal abzukühlen, um etwas Ruhe zu finden.

***

Am folgenden Tag standen sie spät auf. Sie füllten Thermoskannen mit Eiswürfeln, bereiteten sich kalte Getränke zu, aßen wenig. Sie genossen es, nackt durch die Wohnung laufen zu können, ohne Verpflichtungen, ohne Vorlesungen, die sie gezwungen hätten, rauszugehen in die drückende, mörderische Hitze. Mehrmals am Tag stellten sie sich unter die kalte Dusche und rubbelten sich bewusst nicht ab, um das Wasser auf der Haut trocknen zu lassen und wenigstens einen Rest der Kühle zu behalten, bevor die stickige Hitze der Wohnung wieder zuschlug. Sie lagen im Bett und lasen oder dösten vor sich hin. Am späten Nachmittag hingen sie auf dem breiten Sofa herum und sahen fern – kaum fähig, einen vernünftigen Gedanken zu fassen.

Während einer Serie, die sie beide mochten, kamen mehrere schlüpfrige Szenen vor, was sie beide anregte. Tammy warf einen Blick auf Paul, der mit halb erhobenem Schwanz neben ihr lag und mit glitzernden Augen auf den Bildschirm starrte. Ihre

Hand bewegte sich auf seine Lenden zu, und bevor er wusste, wie ihm geschah, hatte sie seinen Stab auch schon gepackt und wichste ihn. Sie beugte sich über ihn und lutschte genüsslich daran. Ihre Spalte prickelte erwartungsvoll. Was sollte man an einem heißen Tag auch anderes machen? Sie grinste in sich hinein und brachte Paul auf Touren. Er war sofort hart, zog sie hoch und auf sich drauf. Sein Lächeln erinnerte sie daran, wie begehrenswert sie ihn von Anfang an gefunden hatte.

Tammy schob sich über ihn, nahm seinen Stab in sich auf und ließ ihr Becken langsam sinken, während sie Pauls weiche Lippen küsste. Er hielt ihren Hintern fest und hob ihn hoch und runter. Tammy spürte, wie alles in ihr anschwoll. Sie kniete über ihm, drückte sich mit den Beinen ab und genoss es, von Pauls Schwanz intensiv gerieben zu werden. Sie hüpfte immer schneller auf seinem Schoß auf und ab, ihre Brüste wippten vor seiner Nase auf und nieder. Paul schnappte mit seinen Lippen danach, leckte bei jeder Bewegung mit der Zungenspitze darüber und machte Tammy damit wahnsinnig. Sie warf den Kopf zurück, schloss die Augen, wimmerte vor Lust und ließ ihr Becken kreisen. Ihr Körper war von Schweiß bedeckt, ihre Haut glänzte. Paul hielt ihre Hüften fest und fickte sie von unten, zog das Tempo an. Er wollte sie zum Zerspringen bringen und konnte nur noch an das Ziel denken: den ultimativen Orgasmus.

Sie kamen fast gleichzeitig. Tammy sank vornüber auf seine Brust, als sie zuckend explodierte. Ihre Finger krallten sich in Pauls Schulter. Er knurrte vor Lust und Geilheit, als er abspritzte, und genoss ihre feuchte Haut, die sich an ihm rieb. Eng umschlungen saßen sie auf dem Sofa, während der Fernseher lief und ihr Atem sich nur allmählich beruhigte.

***

»Diese Hitze ist mörderisch«, jammerte Tammy. Sie telefonierte mit ihrer Freundin Alice, die das Glück hatte, in einer Erdgeschosswohnung zu leben, wo angenehme Kühle vorprogrammiert zu sein schien.

»Kein Wunder, ihr wohnt ja auch in einer Dachgeschosswohnung.« Alice bedauerte ihre Freundin und war froh, dass ihre Wohnung im Sommer einen kühlen Vorteil hatte.

»Was macht der Sex?«, fragte sie dann neugierig. Sie und Tammy hatten sich schon immer die intimsten Details ihres Liebeslebens erzählt.

»Der Sex ist klasse und heiß«, antwortete Tammy. »Aber in dieser Hitze überlegt man es sich zweimal, ob man sich dieser Anstrengung gewachsen fühlt.«

»Eigentlich bräuchtet ihr eine Klimaanlage«, meinte Alice.

»Kein Geld.«

»Eine andere, kühlere Wohnung?«

»Auch dafür kein Geld.« Sie kamen gut zurecht, aber mehr auch nicht. Andere Wohnungen waren teurer und günstigere fast nicht zu kriegen.

»Dann müsst ihr im Kühlschrank leben, bis die Hitze vorbei ist«, sagte Alice scherzhaft.

»Hm.« Tammy wünschte, das wäre möglich. Sie plauderten noch über Alices neueste Eroberung, dann legten sie auf. Paul hatte sich bereit erklärt, Wasser einzukaufen, während sie ein wenig die Wohnung putzte. Da auch diese Arbeit schweißtreibend war, hatte sie wie immer auf jeden Fetzen Stoff verzichtet. Sie saugte das Wohnzimmer und die Küche und hörte deshalb nicht, als Paul zurückkehrte. Erst, als seine Hände sich von hinten auf ihre Brüste legten, fuhr sie erschrocken herum.

»Hast du mich erschreckt!« Lächelnd schmiegte sie sich an seine Brust.

»Verdammt geiler Anblick: eine nackte, hübsche Frau, die die Wohnung putzt …«, murmelte er grinsend und küsste sie fordernd auf die Lippen. Tammy spürte die Schwellung in seiner Hose und öffnete den Reißverschluss.

»Ach ja?«, fragte sie, während sie den harten Schwanz auspackte.

»Mhm. Findet mein kleiner Freund auch.« Paul ließ sich von Tammy ausziehen und schob sie auf den Küchentisch zu. Die Einkäufe lagen unbeachtet in dem kleinen Flur, den Staubsauger stellte er mit einem Druck seines Fußes aus. Dann hob er Tammy auf den stabilen Tisch, zog ihre Hüfte an sich heran und drang in sie ein. Sie hielt sich an seinem Nacken fest. Ihre Augen weiteten sich, je tiefer er in sie pflügte, und ihre Lippen öffneten sich zu einem Lächeln.

»Gefällt es dir?«

»Oh ja. Sehr.« Sie bewegte sich ihm entgegen, schlang ihre Beine um ihn und begegnete seinen Stößen mit einem Keuchen. Ihre Körper klatschten aufeinander, der Schweiß lief über ihre Haut. Paul hatte das Gefühl zu zerspringen, als er unverhofft kam. Er pumpte seinen Samen in ihre heiße Möse, hielt sie fest an sich gepresst und musste fast schmunzeln über die Situation. Es war schon lange her, dass er so erregt gewesen war, dass er vorzeitig explodiert war. Aber Tammy schaffte es immer wieder, ihn zu überraschen.

Er sah ihre Enttäuschung und beruhigte sie mit kleinen liebevollen Küssen. »Jetzt bist du dran. Und sag später nicht, ich hätte dich nicht gewarnt!«, meinte er grinsend und zog sie vom Tisch. Tammy fragte sich, was er vorhatte, als er den Kühlschrank öffnete und den kleinen Teppich, der normalerweise vor dem Herd lag, davorzog. Dann bat er sie, sich draufzulegen. Sie gehorchte verwundert, doch die Kälte, die aus dem Kühlschrank drang und ihren Schweiß abkühlte, tat gut. Paul nahm noch etwas aus dem Gefrierfach, dann legte er sich neben sie. Lächelnd betrachtete er ihren trocknenden

Schweiß. Seine Hand bewegte sich über ihren Körper und kleine kalte Tropfen fielen auf ihre Haut.

Tammy keuchte auf. Das kalte Wasser des tropfenden Eiswürfels kühlte sie rasch ab. Andererseits entfachte es ihre Lust erneut. Sie küsste Paul, der die Kälte des Kühlschranks ebenfalls genoss. Seine Hand verrieb den letzten Rest des Eiswürfels auf ihrer Haut, dann bedeckte er ihre Brüste mit kleinen, heißen Küssen. Tammy öffnete bereitwillig ihre Schenkel, als seine Hand sich in diese Richtung bewegte. Sie war kalt vom Eis, rieb über ihre heißen Schamlippen und brachte Tammy zum Stöhnen.

»Wie geil ist das denn?«, flüsterte sie.

»Obergeil«, flüsterte Paul zurück. Der Kühlschrank kühlte sie beide ab, während er ihren Körper mit kleinen Zungenschlägen ableckte, die Feuchtigkeit des Eiswürfels von ihrer Haut trank und Tammy halb wahnsinnig machte.

»Komm endlich!«, stöhnte sie. Doch er schüttelte lächelnd den Kopf und entnahm dem Gefrierfach einen weiteren Eiswürfel. Das Licht des Kühlschranks war die einzige Lichtquelle in der dämmrigen Wohnung. Es beschien Tammys Körper und zeichnete ihre schönen Brüste nach, umschmeichelte ihre Kurven und erinnerte Paul daran, dass diese Frau gierig nach Sex war.

Nur er war noch nicht so weit, doch er spürte, dass es nicht lange dauern würde, bis er wieder seinen Mann stehen könnte. Bis dahin …

Er verrieb den zweiten Eiswürfel auf Tammys heißer Haut und brachte sie zum Stöhnen. Vor allem, weil er den Eiswürfel nun zwischen ihre Schamlippen steckte, in ihre Spalte hinein. Tammy schrie auf vor Lust. Der Unterschied zwischen heißer Geilheit und kaltem Eis war unglaublich. Sie spreizte ihre Schenkel und wimmerte, wollte noch mehr, wollte, dass Paul sie endlich fickte und selbst spürte, wie geil das kalte Eis in ihr war.

Er rieb über ihre pralle Kirsche, die sich gierig seinen Fingern entgegenreckte. Sie war nass, nicht nur vom Eis, sie war geschwollen vor Lust. Sanft knetete er die klaffenden Schamlippen, leckte mit seiner Zunge über Tammys Nippel, die sie ihm entgegenreckte. Einen weiteren Eiswürfel aus dem Eisfach rieb er über ihre harten Brustwarzen.

Tammy schrie vor Lust. Sie flehte ihn an, endlich zu ihr zu kommen. Paul saugte sich an ihren Nippeln fest, während er sich langsam über ihren Körper schob und ihre Beine sich um seine Hüften schlangen. Er war so hart, dass er nicht wusste, ob er nicht auch dieses Mal zu früh kommen würde. Trotzdem: Er hielt es nicht mehr aus, er musste sie vögeln, wollte in ihre Nässe eintauchen. Als er in sie drang, spürte er den Unterschied zwischen ihrer heißen Spalte und dem geschmolzenen Eis. Er stöhnte und legte sich auf Tammy. Ihre Haut war angenehm kühl, abgekühlt von der Kälte des Kühlschranks neben ihnen. Die kühle Luft daraus fiel auch auf ihn.

»So lässt es sich doch vögeln!«, meinte er grinsend. Sie lächelte zurück, nahm ihn tief in sich auf, zog ihn in sich hinein und Paul fragte sich, warum er nicht schon früher auf die Idee mit dem Eis und dem Kühlschrank gekommen war. Flüchtig überlegte er noch, was er alles auf ihre heiße Haut streichen und spritzen könnte, um es dann genüsslich abzulecken. Dann galten seine Gedanken nur noch einem Ziel: dem Höhepunkt entgegenzustreben.

Tammys Becken rotierte. Sie spürte ihre geschwollenen Schamlippen, den heißen, harten Schwanz in sich und die angenehme Kälte, die aus dem Kühlschrank auf sie beide fiel. Mit ihren Beinen zog sie Paul immer wieder zu sich, hielt sie fest um seine Hüften geschlungen. Sie war heiß und kalt zugleich – ein Gegensatz, der sie aufgeilte und in ihrer Erregung hielt. Paul hatte sich mit beiden Armen rechts und links von ihr abgestützt und bedachte ihre Brüste mit heißen Küssen. Sie trieb unaufhaltsam ihrem Höhepunkt entgegen, ihr Becken wurde immer schwerer und sie konnte keinen klaren Gedanken mehr fassen. Ihr Körper reagierte automatisch auf diesen Mann, der tief in ihr mit seinem Schwanz arbeitete, sie massierte, sie rieb und auf den geilsten Orgasmus zutrieb, den sie sich vorstellen konnte. Denn darin war sie sich sicher: Der kalte Kühlschrank und das Eis in ihr schienen sie wiederbelebt zu haben. Sie bewegte ihre Hüften, umklammerte Paul mit Beinen und Armen, spürte seinen Körper auf sich, seine Bewegung und sah in seine lächelnden Augen, in denen sie zu versinken schien.

Als er das Tempo anzog, begann sie laut zu schreien. Am liebsten hätte sie ihre Beine aus dem Weg gehabt, sie noch weiter gespreizt, um seinen harten, pumpenden Schwanz in seiner ganzen Größe noch besser spüren zu können. Sie reckte die Beine nach oben, veränderte den Winkel ihres Beckens und war freudig überrascht, wie geil die Wirkung war. Paul schien mit jedem Stoß auf ihre riesige Klit zu treffen, und Tammy spürte den Orgasmus weit hinten heranrollen. Nur zu willig ergab sie sich ihm, ließ sich von Paul heftig ficken, genoss es, nichts mehr dagegen tun zu können, und kam mit einer Wucht, die ihren Freund ebenfalls überraschte.

Paul brauchte nur noch ein oder zwei Stöße. Sein Schwanz schien zu platzen, er war so gewaltig angeschwollen, dass Paul den Eindruck hatte, größer ginge nicht mehr. Als er sich in Tammy ergoss, brüllte er seine Lust hinaus. Sein Unterleib pumpte noch immer in sie hinein – unfähig, aufzuhören, bis er leer war und keinen Tropfen mehr übrig hatte. Erst dann ließ er sich auf Tammy sinken, auf ihre angenehm kühle Haut.

Seine Lippen streichelten ihren Hals, während Tammy ihn liebevoll umschlang.

***

»Wie haltet ihr es aus in der heißen Wohnung? Man sieht dich gar nicht mehr!«, beschwerte sich Alice beim nächsten Telefonat.

Tammy schmunzelte. »Sagen wir, wir haben eine gute Möglichkeit gefunden, es auszuhalten.«

»So? Erzähl mal!«

»Diese Möglichkeit ist zwar leider nicht besonders umweltfreundlich und verbraucht vermutlich ziemlich viel Strom. Aber …«

»Ja?«

»Es ist das Geilste, das ich je erlebt habe: Sex vor dem Kühlschrank!«

# Geiler Fick mit Aussicht

Sie lernten sich in der Unibibliothek kennen. Vera hatte ein Buch vorbestellt und stand an der Ausleihe, um es abzuholen. Der Typ neben ihr hatte Rastahaare, einen Dreitagebart und ein charmantes Grinsen auf dem Gesicht.

»Hey. Das Buch hatte ich auch schon in den Fingern«, sagte er lächelnd.

»Aha. Und weiter?« Vera hatte keine Lust, angebaggert zu werden, und war abweisend.

Der Rastaman zwinkerte ihr zu. »Was ich gesucht habe, habe ich darin leider nicht gefunden. Ich hoffe, dir ergeht es besser.« Er legte der Frau hinter der Theke seinen Studentenausweis hin und erklärte ihr, welches Buch er bestellt hatte.

Vera sah ihn irritiert an, dann nahm sie den Titel, steckte ihn in ihren Rucksack und ging. Draußen empfing sie die mörderische Julihitze, und Vera schnappte nach Luft, bevor sie ihr Fahrrad aufschloss und sich auf den Sattel schwang.

Hinter sich hörte sie eine Stimme: »Viel Erfolg!« Sie wandte den Kopf, sah den Rastatypen, der sie breit anlächelte, und hörte sich »Danke« sagen.

Sie nahm den Weg über die Brücke, auf der auch die Stadtbahnen fuhren. Von hier oben warf sie einen Blick auf die Eisenbahnschienen des Bahnhofs unter sich. Auf der anderen Seite der Brücke bog sie nach rechts ab, fuhr noch ein paar Blocks weiter, dann war sie zu Hause.

Der Altbau, in dem sie sich eine winzige Wohnung mit

einer Kommilitonin teilte, war zwar durch die dicken Mauern angenehm kühl, doch je höher sie im Treppenhaus stieg, desto wärmer wurde es. Im Dachgeschoss schloss sie die Tür auf und betrat die dunkle Wohnung. Sie dachte an den Rastatypen, der sie angesprochen hatte. Insgeheim musste sie zugeben, dass er sie neugierig gemacht hatte. Warum sahen diese Typen immer so gut aus – nur, weil sie ungewöhnlich waren?

Vera zog ihr Top aus und lief in Unterwäsche in der heißen Wohnung herum. Wenn sie aus dem Fenster sah, konnte sie in der Ferne den Schwarzwald erkennen. Sie wünschte, sie wäre jetzt dort oben auf einem Berg, wo der Wind sicher angenehm kühl über die Wipfel der Bäume strich. Stattdessen musste sie in der heißen Stadt brüten, weil es Semesterende war und sie noch immer lernen musste.

Seufzend versorgte sie sich mit einem kalten Getränk aus dem Kühlschrank, dann legte sie sich auf ihr Bett und schlug das geliehene Buch auf. Vielleicht schaffte sie es, in den nächsten Tagen genug Stoff in ihr Gehirn zu pauken, dass sie endlich Ferien machen konnte.

***

Uwe sah der hübschen Blondine hinterher, die leicht schwankend auf ihrem Fahrrad um die Fußgänger herumkurvte und hinter dem Theater abbog. Er hätte ihr hinterherfahren und ihr seine Begleitung anbieten können, weil er die gleiche Richtung einschlagen würde, um nach Hause zu kommen. Doch bei diesem ersten Zusammentreffen musste er vorsichtig sein, um das Wild nicht zu verschrecken. Trotz ihrer abweisenden Art hatte ihn ein neugieriger Blick gestreift. *Der Köder ist gelegt*, dachte er lächelnd.

Die verdammt hübsche Blondine war ihm bereits in der Mensa aufgefallen. Sie hatte mit niemandem gesprochen und in der Menge etwas verloren ausgesehen, was darauf hindeuten könnte, dass es niemanden in ihrem Leben gab. Aber um das herauszufinden, musste er sie länger beobachten, was ihm schwerfiel. Geduldig war er um sie herumgeschlichen und hatte gehört, wie sie zu jemandem sagte, dass sie am nächsten Tag ein Buch aus der Unibibliothek holen würde. Das war seine Chance, und er hatte sich auf die Lauer gelegt, bis sie auftauchte. Das Gebäude, das aus Stahl und dunklem Glas bestand, war angenehm kühl, die Cafeteria war geöffnet, also fiel ihm das Warten nicht schwer.

***

Ihr nächstes Zusammentreffen fand in der Mensa statt, nur zwei Tage später. Uwe stellte sich in der Warteschlange direkt hinter sie, wartete ein paar Minuten und schubste sie »aus Versehen«. Als sie sich mit wütendem Gesicht umdrehte, entschuldigte er sich wortreich und glaubhaft, um dann zu sagen: »Hey! Wir haben uns doch neulich gesehen!«

Vera hatte ihn sofort erkannt. Kein Wunder, bei dieser Frisur. Und bei diesem gut geschnittenen Gesicht. Er war einen halben Kopf größer als sie, schlank und braun gebrannt. Lernte er oder verbrachte er die Zeit lieber in der Sonne? Unwirsch schüttelte sie den Kopf. Was interessierte sie dieser Rastatyp? Sie verzog den Mund zu einem winzigen Lächeln, nickte Uwe zu und sagte: »Ja, in der Unibib. Du sagtest, du hättest in dem Buch nicht gefunden, was du gesucht hast. Was war das eigentlich?«

Uwe schmunzelte. Der Spruch war schon immer eine klasse Überleitung gewesen, um Komplimente zu machen. Doch dafür war es jetzt noch zu früh. Deshalb antwortete er ausweichend: »Etwas Besonderes …« und sah ihr direkt in die Augen. Sie hatte eine tolle Figur, stellte er fest. Eine Figur, die er mit seinen Händen zu gern nachgeformt hätte, vor allem die Brüste … Als er merkte, dass sein Schwanz sich meldete, verbot er sich diese Gedanken und konzentrierte sich wieder auf das hübsche Gesicht vor ihm. Sie waren inzwischen an der

Essensausgabe angekommen, und nachdem Vera ihr volles Tablett auf einen Tisch in der Nähe zusteuerte, folgte er ihr wie selbstverständlich und setzte sich ihr gegenüber.

Während des Essens fragte er sie, wie sie das Buch finde, leitete zu einem allgemeinen Thema über – »Was studierst du?« –, erzählte von sich und stellte erfreut fest, dass sie bereitwillig antwortete.

*Gut so, meine Schöne*, dachte er. *Wir werden uns so oft treffen, bis du dich seufzend unter mir windest.* Bei diesem Gedanken spürte er die Beule in seiner Hose. Sein Schwanz verlangte nach regelmäßigem »Sport« und die leicht bekleideten Mädchen, die in dieser Hitze nur mit dem Nötigsten am Körper herumliefen, schürten seine Gier nur noch. Uwe war kein Freund fester Beziehungen. Die längste hatte etwa vier Wochen gehalten, dann war ihm langweilig geworden und er hatte das Mädel sitzen gelassen. Glücklicherweise war diese Studentenstadt groß genug, dass man sich aus dem Weg gehen konnte. Und selbst wenn man sich zufällig begegnete, war es möglich, sich in der Menschenansammlung zu verstecken. Man musste nur die Schleichwege zwischen den Gassen kennen.

Vera entspannte sich. Der Rastatyp war wirklich nett und charmant. Er gefiel ihr, was sie von den wenigsten Kommilitonen sagen konnte. Die meisten waren deutlich darauf aus, sie ins Bett zu kriegen, was sie abstoßend fand. Nein, dieser hier war anders. Und wenn sie ehrlich zu sich selbst war, dann würde sie diesen Uwe nicht von der Bettkante stoßen.

Sie brachten die Tabletts zurück und gingen gemeinsam raus, hockten sich an den Tanzbrunnen und unterhielten sich weiter. Der Schatten spendete nur wenig Kühle, doch spätestens, wenn die Sonne unterginge und die Gebäude die Tageshitze abgegeben hatten, könnten sie auf frische Luft hoffen.

***

Die Kneipe, die Vera abends mit Uwe besuchte, war auf Studenten ausgelegt: viel Essen für wenig Geld und gesunde Getränke. Als er sie im Dunkeln nach Hause begleitete, legte er es nicht einmal darauf an, mit ihr hineinzukommen, sondern verabschiedete sich mit einem kurzen Kuss auf die Lippen und dem Versprechen, sich wieder mit ihr zu treffen – wann auch immer.

In der Nacht war die Luft in Veras Dachzimmer so stickig, dass sie sich nass geschwitzt und ruhelos auf ihren Laken wälzte. Außerdem musste sie die ganze Zeit an Uwe denken. Fand er sie nicht hübsch genug? Er hatte mit keinem Wort oder Verhalten erkennen lassen, dass er sie attraktiv fand und mit ihr in die Kiste steigen wollte – im Gegensatz zu anderen jungen Männern. Es fuchste sie, gab ihr Rätsel auf und ließ sie kaum einschlafen. Denn sie fand ihn inzwischen wahnsinnig attraktiv, sexy und begehrenswert. Hatte sie sich in ihn verliebt? Falls ja, dann war ihr so was schon lange nicht mehr passiert. Und eigentlich wollte sie sich ganz auf ihr Studium konzentrieren, das Semester abschließen und in den Ferien entweder jobben oder ihre Eltern besuchen, um denen auf der Tasche zu liegen. Vera seufzte. Sie war so unruhig und sexuell aufgeheizt, dass sie zu ihrem Dildo griff, um wenigstens auf diese Weise etwas Entspannung zu finden.

Während sie versuchte, ihre Lustschreie zu unterdrücken, dachte sie an Uwe und wie verheißungsvoll seine Ausbuchtung in der kurzen Hose ausgesehen hatte in dem winzigen Moment, als sie es bemerkt hatte. Sie wusste nur nicht, ob sie an dieser Beule schuld war oder Sandra, die in dem Moment mit wippendem Röckchen und fast oben ohne an ihnen vorbeigelaufen war.

***

Die Hitze war unerträglich, sobald man vom Fahrrad stieg und keinen Fahrtwind mehr auf der schweißfeuchten Haut spürte. Mittags war es am schlimmsten, wenn die Sonne vom wolkenlosen Himmel brannte und auf dem Weg kein Schatten war. Uwe stellte sein Rennrad an die Hauswand, schloss es ab und klingelte. Er hatte sich ein paar Tage lang von Vera ferngehalten, in dem Wissen, dass sie sich nach ihm sehnen und weit aufgeschlossener für Sex sein würde, wenn er sich rarmachte. Nicht umsonst studierte er Psychologie – *der Mensch begehrt, was er nicht haben kann*, dachte Uwe schmunzelnd, als der Türsummer ertönte. Er stieg die Treppen hoch und stand vor Vera, die ihn verwirrt und gleichzeitig hoch erfreut ansah.

»Hi! Wollte mal sehen, wie es dir geht!«, begrüßte er sie mit Küsschen rechts und links. Dabei sog er ihren Duft ein, eine Mischung aus Duschgel und Schweiß. *Lecker.*

»Gut, danke. Die letzten Tage habe ich immer mal nach dir Ausschau gehalten, aber du warst wie vom Erdboden verschluckt.« Sie sah ihn an, ihre unausgesprochene Frage lag im Raum, doch Uwe hatte nicht vor, sie zu beantworten. Oder sollte er ihr sagen, dass er sich mit Absicht rar gemacht hatte? Also lächelte er charmant und meinte lapidar: »Ich hatte viel zu tun.« Dann trat er dicht an sie heran und raunte: »Ich hab dich vermisst.«

Ihre Augen wurden groß, sie wich nicht zurück, aber sie war unsicher. Seine Gelegenheit.

Uwe legte einen Arm um ihre Taille und näherte seinen Mund ihren Lippen – langsam, zögerlich, als wartete er auf ihr Einverständnis. Dabei hatte er es schon, hatte in ihren Augen gesehen, dass sie ihn wollte, ihn begehrte.

Sie schloss die Augen und hob ihr Kinn.

*Sieg!* Uwe schmunzelte innerlich.

Ihre Lippen waren weich und nachgiebig. Langsam leckte

er mit seiner Zungenspitze über die zarte Haut, dann ließ er seine Zunge ein paarmal in ihre Mundhöhle schnellen. Gerade genug, um sie vorsichtig anzuheizen, jedoch nicht zu vergraulen. Wie erwartet öffnete Vera ihre Lippen weiter und wurde fordernd. Uwe ließ seine Hände über ihren Rücken wandern, ganz langsam, bis sie auf ihrem Hintern landeten und sanft ihr Gesäß kneteten. Er spürte, wie sie ihren Unterleib an ihn schmiegte. Ihm wurde heiß, sein Schwanz begann zu zucken. Doch wenn er Erfolg haben wollte, musste er sich zurückhalten. Noch.

Ihre Küsse wurden fordernder, ihr Atem schneller. *Zeit für die nächste Stufe*, dachte Uwe und ließ sie seinen geschwollenen Schwanz durch die Hose spüren. *Mal sehen, wie sie darauf reagiert*, überlegte er.

Veras Atem setzte kurz aus. Dieses Ding in seiner Hose schien gewaltig zu sein und sie verstand Uwe so, dass es ein Angebot an sie war. Wollte sie das? Wollte sie es annehmen? Wenn sie an die einsame Nacht mit ihrem Dildo dachte, dann ja. Das Teil hatte ihr zwar Entspannung gebracht, aber was Uwe da eingepackt hielt, schien weitaus mehr Vergnügen zu versprechen. Also drängte sie zur Antwort weiter ihren Unterleib an ihn, rieb sich an ihm und freute sich, dass der Inhalt noch weiter zu wachsen schien.

Uwe war zufrieden. Alle Maßnahmen waren bisher erfolgreich gelaufen. Er wünschte nur, diese Hitze würde endlich nachlassen – anstrengender Sex war einfach … anstrengend. Trotzdem folgte er weiter seinem Plan, Vera zu verführen, und fragte schüchtern nach: »Bist du sicher?« Er flüsterte es verführerisch in ihr Ohr. Sein Atem streifte ihren Hals, über den ein kleiner Schweißtropfen lief. Er leckte ihn ab und grinste, weil Vera erschauderte.

»Ja«, wisperte sie zurück und zog ihn zu ihrem schmalen Bett.

Ihre Kommilitonin war nicht da und würde auch nicht in den nächsten Stunden auftauchen, also mussten sie auf niemanden Rücksicht nehmen. Das Dachfenster stand offen, sie konnten die hereinbrechende Dämmerung sehen und die Fledermäuse, die im Dunkeln nach Nahrung suchten. Draußen schien eine kleine Brise aufzukommen, doch hier drinnen war es stickig heiß.

Da hatte Uwe eine Idee. »Komm!« Er nahm den Wohnungsschlüssel und zog Vera mit sich aus der Tür.

Vera protestierte: »Hey, was hast du vor?«

Aber Uwe hörte nicht auf sie und stieg die letzte Treppe des Hauses hinauf. Oben angekommen, öffnete er mit dem Hausschlüssel die Tür und trat mit Vera hinter sich auf das flache Dach hinaus. Hier oben wehte eine angenehme Brise, ein leichter Wind, der Vera durch das Haar fuhr und ihre Haut abkühlte.

»Herrlich!«, meinte sie strahlend.

Uwe vergewisserte sich, dass von den umliegenden Häusern niemand Einsicht auf das Dach hatte. Dann drehte er sich zu Vera um und nahm sie in die Arme. »Oh ja«, bestätigte er und küsste sie. Fordernd, hart. Sie schnappte nach Luft, doch sie ergab sich seinen Lippen, wurde wieder heiß. Uwe konnte ihre harten Nippel durch den dünnen Stoff ihres Oberteils spüren. Sein Daumen strich über die Brustwarzen und Vera begann zu stöhnen.

Er zog sie hinter einen Vorsprung, wo der Wind am stärksten blies. Dort küsste er ihren Hals, ließ seine Hände an ihrem Körper herunterwandern, bis sie verstand.

»Du meinst … hier?«, fragte sie ihn ungläubig.

»Ja. Das ist doch aufregend, oder nicht?«

Zweifelnd schüttelte sie den Kopf, doch sie musste zugeben, dass es hier oben um einiges besser war als in ihrem stickigen Dachzimmer. Scheu sah sie sich um, ob jemand sie sehen konnte.

»Niemand wird uns sehen«, beruhigte Uwe. Seine Augen

leuchteten. Er war inzwischen so heiß auf dieses Mädchen, dass er sich kaum zähmen konnte. Leidenschaftlich küsste er sie und zog ihr langsam die knappen Shorts von den Hüften, bis sie halb nackt vor ihm stand. Dann setzte er sie auf den Vorsprung hinter ihr und stellte sich zwischen ihre Beine. Seine Beule war überdimensional.

Vera starrte halb furchtsam, halb gierig darauf, dann gab sie sich einen Ruck und zog den Reißverschluss auf. Sofort schnellte ihr der härteste Schwanz ever entgegen. Sie hielt ihn in der Hand, spürte seine Hitze, seine gierige Härte und sah die kleinen Tropfen, die sich an der Spitze bildeten.

»Er wartet auf dich«, raunte Uwe in ihr Ohr. Es geilte ihn auf, wie sie seine Rute festhielt. Sie wichste ihn vorsichtig, bis er sie ermunterte, etwas fester zuzupacken.

Vera spürte das Ziehen ihrer Spalte und die Feuchtigkeit, die daraus sickerte. Verdammt, sie war heiß auf diesen Typen und sein Gerät. Und hier oben war es wirklich lauschig und angenehm, gerade richtig für einen heißen Ritt. Also, was hinderte sie?

Ihre Hand wanderte den Schaft entlang bis zur Wurzel, strich drumherum und nahm seine Eier in die Innenfläche. Vorsichtig knetete sie die kleinen Bälle und keuchte, weil Uwe in der Zwischenzeit ihre Brustwarzen reizte. Seine Hand glitt zwischen ihre Schenkel, verrieb ihre Nässe und wühlte gezielt nach ihrer Kirsche, die sich ihm sehnsüchtig entgegenreckte.

Während sie sich gegenseitig streichelten und weiter aufgeilten, küssten sie sich. Uwe spürte, dass Vera immer heißer wurde. Nicht mehr lange, dann könnte er sie vögeln. Seine rechte Hand glitt unter ihren BH und umfasste ihre Brust. Sein Daumen rieb immer wieder über ihren Nippel, bis Vera dahinzuschmelzen schien. Sie öffnete bereitwillig ihre Schenkel.

Uwe stellte sich in Position, setzte seine Spitze zwischen

ihre geschwollenen Schamlippen und tauchte in ihre Enge. Vera stöhnte leise auf. Sie schlang ihre Beine um seine Hüften, während Uwe sie mit beiden Händen festhielt. Er schob sich immer tiefer in sie, spürte ihre Hitze, genoss den leichten Wind auf seiner Haut, der seinen Schweiß trocknete, und zog Vera näher an sich heran. Ihre Augen leuchteten vor Lust, ihre Lippen waren halb geöffnet. Er begann, sich in ihr zu bewegen, rieb sie von innen und lächelte sie breit an.

»Mach es dir«, ermunterte er sie, als er spürte, dass er bereits ziemlich nah an seiner Explosion war. Sie sah ihn mit großen Augen an, doch inzwischen waren sie beide hemmungslos voreinander, also schob sie ihre Hand zu ihrer Möse und streichelte ihre Klit. Sie schien so groß wie eine Pflaume zu sein, nass und glatt. *Ein Lustknopf*, dachte Vera verzückt, *den ich nur zu streicheln brauche, mit einem Schwanz in mir drin, und schon …*

Sie kam unverhofft. Ihr Rücken bog sich Uwe entgegen, ihr Zucken und Beben massierten ihn zum Höhepunkt und sein warmer Strahl füllte Vera aus. Sie keuchten und stöhnten beide, bis ihr Atem sich allmählich beruhigte und Uwe sich aus ihr zurückzog. Vera empfand eine ungewohnte Leichtigkeit, eine Hemmungslosigkeit, die sie mutig machte.

»Das war verdammt geil!« Sie traute sich, ihre Gedanken laut auszusprechen, und freute sich am verdutzten Gesicht des attraktiven Rastamans. Gleichmütig zog sie ihre Shorts an, die Unterhose stopfte sie in eine Hosentasche. Dann drehte sie sich um und betrachtete die Silhouette der Stadt gegen das Abendrot.

Uwe zog seine Hose hoch und stellte sich hinter sie.

In diesem Moment nahm Vera sich vor, nicht mehr »brav« zu sein oder schüchtern. Sie würde alles mitnehmen, was ihr geboten wurde, solang es ihr gefiel. Der Fick mit Uwe war fürs Erste nicht übel gewesen, verlangte aber nach einer Wiederholung.

Der zarte Wind hatte sie beide abgekühlt. Nur an der tagsüber von den Mauern gespeicherten Hitze, die nun abgegeben wurde, war zu erkennen, wie heiß der Tag gewesen war. Vera schloss die Augen und genoss den kühlenden Luftzug, spürte Uwe hinter sich stehen, der einen Arm um sie gelegt hatte.

Irgendwann gingen sie nach unten. Er verabschiedete sich vor ihrer Wohnungstür und schien zu erwarten, dass sie versuchen würde, ihn zurückzuhalten. Doch das tat sie nicht. Sie lächelte ihn an und wünschte ihm einen schönen Abend, fragte nicht nach, wann sie sich wiedersehen würden, und ging einfach in die Wohnung, ohne ihm hinterherzublicken.

Uwe verließ nachdenklich das Haus. Der Fick war klasse gewesen, eigentlich wie erwartet. Doch was er nicht erwartet hatte, war Veras Reaktion beziehungsweise Nicht-Reaktion. Hatte er sie falsch eingeschätzt? War sie gar nicht so schüchtern, wie sie wirkte? Normalerweise waren Mädels ihrer Art eher klammernd, fragten mindestens nach, wann man sich wiedersehen könnte. Aber Vera? Nichts. Nada. Amüsiert hob Uwe eine Braue, während er das Fahrradschloss öffnete. Vera schien anders zu sein, als erwartet. Er war gespannt, wohin das führte.

***

Tage später begegneten sie sich wieder in der Unibibliothek. Uwe entdeckte Vera in einer Nische, in die sie sich zurückgezogen hatte, um ungestört zu sein.

»Hey. Wie geht's?«

Sie blickte auf und lächelte ihn an. Er war eine willkommene Abwechslung, denn trotz des klimatisierten Gebäudes konnte sie sich nicht mehr konzentrieren. »Gut, nur zu heiß. Und dir?«

Er setzte sich auf die Sessellehne. »Sag mal … neulich auf dem Dach …«, tastete er sich vor.

»Ja?«

»Ich fand das klasse und wollte fragen, was du von einer Wiederholung hältst?«

Sie lachte. »Okay. Unter einer Bedingung.«

»Bedingung?« Uwe war erstaunt. Bisher hatte noch keines der Mädchen, das er gefickt hatte, eine Bedingung gestellt. Im Gegenteil. Sie waren ihm hinterhergelaufen.

»Ein anderes Dach. Genauso kühl, mit frischem Wind gegen die Hitze. Jegliche Hitze.« Sie grinste anzüglich.

Uwe schmunzelte. Anscheinend hatte sie Gefallen daran gefunden. »Darf es auch eins sein, das von anderen Gebäuden einsehbar ist?«, fragte er nach.

»Wenn es dunkel ist, dann ja.« Ihr unschuldiger Augenaufschlag brachte sie beide zum Lachen. Er beugte sich zu ihr runter und küsste sie.

»Gut. Dann hole ich dich um halb zehn zu Hause ab, ja?« Bis dahin würde ihm schon ein Dach in der Stadt einfallen, auf dem sie ficken konnten.

Er ging. Draußen nahm er sein Handy zu Hilfe, um über Google Satellit die Stadt von oben zu betrachten. Im Umkreis von Veras Haus fand er auf die Schnelle kein leicht zugängliches Dach, also weitete er die Suche aus. In der Nähe des Münsterplatzes wurde er zwar fündig, doch dort wäre um die vereinbarte Uhrzeit bereits geschlossen.

»Verdammter Mist«, murmelte er vor sich, allmählich leicht in Panik. Wenn er kein Dach zum Vögeln fände, würde es heute wohl nichts mit Ficken und Entspannung. Er kehrte zu dem Stadtteil zurück, in dem Vera lebte, verschob die Karte auf seinem Handy mit zwei Fingern – und wurde schließlich doch fündig. Grinsend besah er sich das Gebäude, dann schloss er den Browser und wählte eine Nummer.

Vera war gespannt, ob Uwe es schaffen würde, ein geeignetes Dach zu finden. Sie hatte Gefallen daran gefunden, Sex in luftiger Höhe zu haben, um dem stickigen, viel zu warmen Zimmer zu entfliehen. Es hatte was Verbotenes an sich, und genau das verursachte dieses Kitzeln in ihr. Als es pünktlich um halb zehn an ihrer Tür klingelte, schnappte sie sich den Wohnungsschlüssel und lief die Treppen hinunter.

Vor der Tür stand Uwe und grinste breit. »Komm mit.« Er nahm ihre Hand.

»Wohin gehen wir?«, fragte sie neugierig.

»Lass dich überraschen.« Er küsste sie gierig auf die Lippen. Ein Vorgeschmack darauf, was er gleich mit ihr vorhatte.

Wenn überhaupt möglich, war dieser Tag noch heißer gewesen als die vorigen. Der Schweiß lief ihnen trotz zunehmender Dämmerung den Rücken hinunter, während sie zu ihrem Ziel liefen, das sich nicht weit von Veras Zuhause befand. Uwe wandte sich nach rechts, zog sie durch eine schmale Gasse und hielt vor einem Altbau. Auf den kaum leserlichen Klingelschildern entzifferte er einen Namen, dann drückte er den Klingelknopf und Sekunden später wurden sie eingelassen. Auch hier gab es keinen Aufzug. Vera folgte Uwe, der zwei Stufen auf einmal nehmend die Treppen hinaufstürmte. Oben im Treppenhaus war die Luft so stickig wie bei Vera zu Hause und sie schnappte nach Luft. Uwe dagegen schien von der Aussicht beflügelt zu sein, einen heißen Abend mit ihr zu verbringen. Er drückte eine Tür zu seiner Rechten auf, dann standen sie auf dem Dach.

Es sah aus wie eine Terrasse, mit quadratischen Betonplatten belegt und einer Wäschespinne in einer Ecke. Ringsum befand sich eine Balustrade, auf der Blumentöpfe mit welkem Inhalt verteilt waren. In einer anderen Ecke standen zwei Liegestühle, ein kleiner Tisch dazwischen und ein Sonnenschirm. Vera sah sich staunend um. Zwei Häuser zu ihrer Linken waren höher als dieses gebaut, was bedeutete, dass die Bewohner durchaus einen Blick auf diese hübsche Terrasse werfen konnten. Aber es war dunkel genug, dass sie lediglich Schemen sehen würden, die sich miteinander vergnügten. Und was das Wichtigste war: Hier oben war die Luft merklich kühler, weil ein leichter abendlicher Wind aufkam und über ihre schweißbedeckte Haut strich.

»Zufrieden?«, fragte Uwe lächelnd.

»Sehr!« Sie drehte eine kleine Runde, bewunderte die Aussicht auf die Stadt und spürte Uwe hinter sich. Seine Arme schlangen sich um sie. Sie drehte sich zu ihm um. »Wer wohnt hier, dass du so einfach reingelassen wirst?«, wollte sie wissen.

»Mein Geheimnis«, murmelte er in ihren Mund und küsste sie. Diesmal waren seine Küsse leidenschaftlich, fordernd und verheißungsvoll. Vera schmolz in seinen Armen, spürte ihre Möse prickeln und ihre Nippel hart werden. Sie rieb ihren Unterleib auffordernd an Uwes Beule, der lustvoll knurrte und seine Hände in ihre Shorts schob. Sein Mund eroberte ihre Brüste, die er halb aus den BH-Körbchen gehoben hatte. Vera wölbte sich ihm entgegen – wann wollte er sie endlich nehmen? Sie war geil und gierig, der Ort war perfekt und die kühlende Brise auch.

Ihre Hand fasste in seine Hose und zerrte am Verschluss. Sie ließ seine Shorts zu Boden fallen, fasste in seine Unterhose, die durch seinen Stab von ihm abstand, und holte gierig seine Rute heraus. Diesmal wollte sie ihn schmecken.

Ihre Zunge schlang sich um seine Eichel, nahm die Tropfen von seiner Spitze auf und reizte seine empfindliche Haut, bis Uwe laut stöhnte. »Wenn du so weitermachst, bin ich in der nächsten Sekunde da«, sagte er mit heiserer Stimme. Seine Augen glänzten verlangend.

Vera lächelte und ließ von ihm ab. Sie trat einen Schritt

zurück, fasste hinter sich, öffnete ihren BH und zog ihn aus. Das Top war längst auf einer der Liegen gelandet. Ihre Shorts und der Slip folgten. Wohlig genoss sie die kühlende Brise auf ihrer Haut und beobachtete Uwes Reaktion.

Er schien überrascht zu sein, weil sie sich so hemmungslos gab. Doch seit dem letzten Mal hatte sie sich ja vorgenommen, sich zu nehmen, was sie wollte. In diesem Fall war es Uwe, den sie wollte, also ging sie mit verführerischem Lächeln auf ihn zu. Er hatte noch sein Tanktop an, unten ragte ihr sein Schwanz entgegen. Sie streifte Uwe den Stoff über den Kopf und zog ihn zu den Liegestühlen. Beide waren noch mit Polstern bedeckt, die die Hitze des Tages abstrahlten, doch das machte ihr nichts aus.

Vera setzte sich auf einen der Stühle, packte Uwes steife Rute und schob sie sich in den Mund. Er keuchte, doch er konnte und wollte sich ihr nicht mehr entziehen. Sie lutschte an seinem Schwanz, bis er langsam in ihren Mund fickte, dann ließ sie ihn los, lehnte sich zurück, rekelte sich lächelnd auf dem Polster und spreizte ihre Beine.

»Komm«, hauchte sie.

Sofort ging Uwe in die Hocke, zog mit beiden Händen ihren knackigen Hintern zu sich heran und wühlte mit seinen Lippen auf ihrer prickelnden, feuchten Möse. Vera stöhnte lustvoll auf. Sie legte ihre Unterschenkel auf seine Schultern, um sich ihm ganz öffnen zu können, und ließ ihn gewähren.

Uwe schmeckte ihren Saft. Seine Zunge schnellte in sie hinein, rief ein feines Rinnsal ihres Mösensaftes hervor, das er genüsslich aufleckte. Ihre Schamlippen waren geschwollen und weit geöffnet, ihre Haut glatt und feucht. Seine Lippen saugten sich an ihnen fest, während seine Zunge ihre Kirsche umspielte und reizte, bis sie ihm weiter entgegenschwellte. Vera stieß kleine spitze Lustschreie aus und rutschte unruhig auf dem

Polster herum, immer auf der Suche nach der besten Position, um sein Lecken und Saugen an ihr optimal zu spüren. Ihre Hand wühlte in seinem Haar, krallte sich in den Rastalocken fest, während ihre Schenkel ihn heranzogen.

Uwe war so erregt, dass sein Schwanz tropfte. Trotzdem hörte er nicht auf, Vera zu lecken, denn die Schreie, die sein Tun untermalten, geilten ihn zusätzlich auf. Doch er wusste, dass er es nicht mehr lange aushalten würde. Bald müsste er sie erobern, sie vögeln und in ihre heiße Grotte pflügen. Seine Zunge schnellte in sie, fickte ihre Möse und seine Lippen schmatzten.

Doch dann war es Vera, die es nicht mehr aushielt. »Fick mich! Jetzt! Bitte!«, flehte sie und richtete sich auf. Sie küsste ihn und schmeckte ihren eigenen Saft, dann drehte sie sich um und kniete sich auf das Polster. Sie präsentierte ihm erneut ihre saftige Pussy, die rot und geschwollen vor seiner Nase auf ihn wartete. Uwe richtete sich auf, kniete sich hinter Vera auf die Liege und hielt ihre Hüften fest. Sie wimmerte.

Sein pochender Schwanz drängte in ihre enge Spalte und Vera schrie auf. Langsam schob Uwe sich in sie, hielt kurz inne, um sich an das geile Gefühl zu gewöhnen, dann stieß er ganz zu. Er zog sich langsam zurück, hörte Veras Wimmern und pflügte wieder in sie. Er wiederholte das ein paarmal, dann zog er das Tempo an. Die leichte Brise, die über die Dachterrasse strich, kühlte seine Haut. *Es ist die perfekte Mischung, kühler Wind und heißer Sex*, dachte Uwe, während er gierig in Vera stieß, sie mit seiner Rute massierte. Als sie immer lauter wurde und er allmählich seinen Höhepunkt herannahen spürte, griff er mit einer Hand um ihr Bein und massierte ihre Kirsche von vorn. Gleichzeitig stieß er immer heftiger und schneller in sie, vergaß jeden anderen Gedanken, den er je gehabt hatte, und strebte auf das gemeinsame Ziel zu. Ihre Körper klatschten aufeinander, ihre Haut war schweißbedeckt und wurde vom Wind sofort wieder abgekühlt.

Vera stöhnte und schrie abwechselnd, weil Uwe ihre Klit so gekonnt rubbelte, dass sie meinte, innerhalb der nächsten Minuten zu platzen. Sie krallte sich an die Lehne, drängte sich Uwe entgegen, ließ ihr Becken auf seinem Stab rotieren und keuchte im Rhythmus seiner Stöße.

Als sie gemeinsam explodierten, lachte und weinte Vera gleichzeitig, während Uwe ein tiefes, lang gezogenes Stöhnen von sich gab. Sie spürte sein Pumpen in sich und den heißen Saft, der sich in sie ergoss. Neckisch wackelte sie mit dem Hintern, zog ihre Muskeln zusammen und molk Uwe, bis er sich angenehm erschöpft von ihr löste.

»Oh, Mann. War das geil.« Er grinste und strich mit dem Finger über ihre Haut. Sie zitterte, überrascht darüber, dass ihre Spalte noch immer pochte. Hatte sie noch nicht genug?

Sie drehte sich zu Uwe um und lächelte. »Ja, das war es. So geil, dass ich noch mal kann.« Mit diesen Worten nahm sie seine Hand und führte sie zwischen ihre Beine.

Uwe spürte erstaunt ihre Nässe, die zwar sicher zum Teil von seinem Samen herrührte, aber vermutlich nicht allein davon. Sanft verrieb er die Feuchtigkeit und tastete nach ihrer Klit. Da war sie – groß, glatt und gierig. Dieses Mädchen war unglaublich! Uwe beugte sich vor und knabberte an Veras Nippeln, die noch immer erigiert waren.

Sie warf den Kopf zurück, spreizte die Schenkel und lächelte vergnügt. »Oh ja, weiter so!«, ermunterte sie ihn.

Ihr Schrei, der wenig später von den Häuserwänden widerhallte, zauberte ein wildes Grinsen auf Uwes Gesicht. »Ich bin wieder dran«, schnurrte er.

***

Die folgenden Sommerwochen waren die interessante Zeit für Vera. Anstatt sich mit ihren Büchern und Aufzeichnungen zum Lernen zu befassen, widmete sie sich mit Uwe zusammen der Frage, welche Dächer der Stadt sich zum Ficken während der Hitze am besten eigneten. Sie stellten Kriterien auf wie: Ist das Dach von anderen Gebäuden aus einsehbar? Gibt es eine Dachterrasse oder muss man im Stehen ficken? Wie kommt man aufs Dach, ohne dass andere Leute involviert sind?

Sie stellten fest, dass das bequemste Equipment eine Decke war, die sie überall ausbreiten konnten, um dem meistens rauen Untergrund in Form von Betonplatten oder gar heißer Dachpappe zu entgehen. Eine Decke konnte leicht auf ein Fahrrad geschnallt werden und war relativ unverfänglich, obwohl Vera schon öfter fragende Blicke geerntet hatte. Wer brauchte in dieser Hitze noch eine Decke?

In einem waren sie und Uwe sich auf jeden Fall einig: Ein abendlicher Fick auf einem Hausdach war die beste Abkühlung.

# Besorg's mir am Strand!

Tanja packte ihre Taschen und stieg aus dem Zug. Die mehr als zehn Stunden dauernde Fahrt hatte sie müde gemacht, und sie war froh, endlich angekommen zu sein. Auf dem Bahnhofsplatz hob sie schnuppernd die Nase in den Wind. Sie konnte bereits das Meer riechen.

So ganz genau wusste sie nicht, wo sich die Jugendherberge von Norddeich befand, aber sie vertraute darauf, dass der Ort nicht so groß war und sie sich nicht verirren würde. Mit dem schweren Rucksack auf dem Rücken und einer ebenso schweren Tasche in der Hand stapfte sie los. Es war bereits dunkel und keine Menschenseele unterwegs. Tanja lief um ein paar Ecken und einen kleinen Hügel hinauf, auf dem sie das Brausen des Meeres hören konnte. Vor ihr in einer Senke war die Jugendherberge und sie hoffte, dass noch jemand wach war und auf sie wartete. Jedenfalls schien noch Licht.

Das warme Licht, das aus den Fenstern drang, begrüßte sie. Sie öffnete die schwere Tür, trat ein und stand vor der schmalen Rezeption. Ein junger Mann etwa in ihrem Alter lächelte sie an.

»Tanja Groß?«

»Ja. Hallo.«

»Guten Abend! Wir haben schon auf dich gewartet.«

»Ich habe zehn Stunden Zugfahrt hinter mir …«

»Echt? Woher kommst du denn?« Er schob ihr ein Formular entgegen und nahm einen Schlüssel vom Haken hinter sich.

Tanja füllte das Papier aus und schob es ihm wieder hin.

»Aus dem Schwarzwald.«

»Wow! Das ist weit! Okay, hier ist der Schlüssel. Die Treppe rauf, dann rechts. Außer dir sind noch zwei Mädels im Zimmer. Dann wünsche ich dir einen schönen Aufenthalt!« Wieder ein Lächeln, als sie ihre Siebensachen ergriff und die Treppe hinaufstieg. Sie war einfach nur müde.

Im Zimmer war es dunkel, sie konnte leises Atmen hören und beschloss, das Licht nicht anzumachen, aus Rücksicht auf die Schlafenden. Von draußen drang genug Helligkeit von einer Laterne herein, dass sie sich entkleiden, die Toilette aufsuchen und ein freies Bett finden konnte. Morgen würde sie als Erstes zum Strand gehen und herausfinden, wann die Fähre übersetzte, dachte sie gähnend, als sie unter der dünnen Decke lag. Schließlich war sie deswegen hier.

Tanja Groß machte erst zum zweiten Mal in ihrem Leben ganz allein Urlaub. Seitdem sie von zu Hause ausgezogen war und ihre Ausbildung in der Gastronomie angefangen hatte, machte sie viele Dinge zum ersten Mal allein. Die besonders guten wiederholte sie.

Ihren ersten Urlaub hatte sie auf Sylt verbracht, und da sie das Meer liebte, wollte sie dieses Mal nach Norderney. Eine kleinere Insel als Sylt, aber um Leute – vor allem Jungs – kennenzulernen, reichte eigentlich eine Jugendherberge und das Sommerfeeling am Meer. Mit ihren knapp zwanzig Jahren war Tanja jung, hübsch und äußerst ambitioniert, die Aufmerksamkeit junger Männer auf sich zu ziehen – vor allem, wenn sie ihre langen Haare offen und einen knappen Bikini trug. Oder eben gar nichts. Sie spielte zu gern mit den Blicken der hübschen Kerle, die an ihrem Körper auf und ab glitten. Ab und zu ermutigte sie einen von ihnen – den, der ihr am besten gefiel –, umgarnte ihn mit offensivem Flirten und nahm ihn mit sich ins Bett. Am nächsten Tag warf sie ihn wieder raus, um ihm keine Hoffnung zu machen, dass sie in irgendeiner Weise »sein Mädchen« wäre.

***

Als sie am nächsten Morgen Geräusche und Stimmen hörte, öffnete sie die Augen, drehte sich im Stockbett zur Seite und sah in ein Paar braune Augen.

»Hi! Ich bin Sina! Und das hier ist Bone! Du bist aber spät gekommen!« *Eine unerträglich fröhliche Stimme,* dachte Tanja amüsiert, *zumindest für Langschläfer.* Sie grinste und nickte, brachte ein »Tanja« heraus und versuchte, vollends wach zu werden.

Das Mädchen mit den kastanienbraunen Haaren erzählte ihr noch, dass es gleich Frühstück gäbe, die Duschen sich am Ende des Flurs befänden und sie sich doch beeilen solle, dann könnten sie zusammen zum Strand.

Tanja nickte nur zu allem, quälte sich aus dem Bett, tapste in die Dusche, wurde von dem kalten Wasser richtig wach und schlüpfte in Shorts und T-Shirt. Dann suchte sie den Frühstücksraum.

Ihre Zimmerkolleginnen begrüßten sie fröhlich. Beide kamen aus Franken, waren so alt wie Tanja und brachten sie mit ihrem rollenden R zum Schmunzeln. Sie beschlossen, zum Strand zu laufen.

Trotz des Windes, der vom Meer herwehte, war die Sonne bereits am späten Vormittag brütend heiß. Tanja erzählte Sina, dass sie spätestens morgen nach Norderney übersetzen wolle, und die Mädchen beschlossen spontan, Tanja zu begleiten. Sie fanden die Zeiten der Fähre heraus und dösten mit ihr am Strand, der eigentlich nur eine schmale Sandbank war, mit vielen spitzen Steinen versetzt. Tanja dachte unwillkürlich, dass Sex auf diesem »Strand« kein Vergnügen wäre, überlegte dann, wie sie auf diesen Gedanken kam, und erinnerte sich an ihren letzten

Urlaub, in dem sie es mit einem Typen aus Hessen getrieben hatte. Schmunzelnd versuchte sie, sich an den Namen zu erinnern.

***

Am folgenden Morgen checkten sie gleich nach dem Frühstück aus, schleppten ihr Gepäck zur Anlegestelle und warteten auf die Fähre, die sie nach Norderney übersetzen sollte. Die Möwen kreischten über ihren Köpfen, als sie ihnen Brotkrumen zuwarfen. Die Sonne glitzerte auf den Wellen und Tanja sah mindestens zwei Jungs, die mit ihnen übersetzen würden und verdammt attraktiv aussahen. Wenn sie ebenfalls in der Jugendherberge nächtigten, dann hatte sie gute Chancen, die beiden kennenzulernen.

Während der Überfahrt stellte sie sich neben einen der Jungs und lächelte ihm zu. Er sah wirklich gut aus: braunes, lockiges Haar, winzige Sommersprossen, blitzende helle Augen. Waren sie grün oder blau?, überlegte Tanja und merkte, wie ihre Spalte zu prickeln begann. Sie mochte Kerle mit breiten Schultern und schmalen Hüften, und dieser hier war so ein Exemplar. Er lächelte zurück, schien jedoch angesichts ihrer Begleitung – Sina und Bone – etwas schüchtern zu sein. *Kein Problem*, dachte Tanja. *Die beiden werde ich locker los.*

Auf Norderney mussten sie die halbe Insel umrunden, um zur Jugendherberge zu gelangen. Die beiden attraktiven Jungs folgten ihnen. Tanja fragte sich, ob sie sich kannten, aber da Sina sie in diesem Moment zutextete, um ihr von ihrem letzten Freund zu erzählen, konnte Tanja sich nicht darauf konzentrieren, die Jungs zu beobachten.

In der Jugendherberge bekamen sie ein Sechs-Bett-Zimmer, in dem bereits zwei andere Mädchen wohnten. Tanja legte ihre Sachen ab, erzählte Sina und Bone, sie wolle mal eine Stunde allein spazieren gehen, und verschwand.

Der Weg zum Meer war nicht weit. Ein paar Schritte über den Deich, auf dem eine einsame Bank stand, dann weiter geradeaus. Es war heiß. Selbst der Wind war warm, was Tanja ungewöhnlich fand. Die Hitzewelle über Deutschland schien noch länger anzuhalten. Sie zog ihre Slipper aus, nahm sie in die Hand und wanderte am Wasser entlang. In der Ferne konnte sie ein paar Gestalten ausmachen. Ansonsten war noch nicht viel los, was sich in wenigen Tagen, wenn die Ferien begännen, sicher ändern würde.

Tanja spazierte der Sonne entgegen und hielt nach einer geschützten Bucht Ausschau, die ein wenig Schatten spenden würde. Man konnte ja nie wissen, wozu man sie mal bräuchte, dachte sie grinsend, als sie tatsächlich einen Vorsprung fand. Der Sand dort war nicht so heiß wie sonst überall, sondern angenehm kühl. Sie grub ihre Füße in den weichen, leicht feuchten Sand. Lächelnd ging sie weiter. Wenn es nach ihr ginge, so war alles bereit für ein wenig Spaß.

Auf dem Rückweg begegnete sie dem lockigen Jungen, der sie angrinste und sich traute, sie anzusprechen. »Hi. Ich bin Markus.«

Sie lächelte ihn bezaubernd an und sagte: »Hallo Markus. Ich bin Tanja. Du bist mir schon auf der Fähre aufgefallen. Woher kommst du?«

Er schien erstaunt zu sein, dass sie ihn so offen ansprach, aber auch erfreut. Sie erfuhr, dass er aus dem Rheinland kam, hier ein paar Tage seiner Semesterferien verbringen wollte und ansonsten darüber nachdachte, nach einem Ferienjob in der Jugendherberge nachzufragen.

»Ich dachte immer, so was erfragt man ein paar Monate vorher?«, meinte Tanja. Sie hatten noch einmal den Weg zum Strand eingeschlagen und spazierten nebeneinander her.

Er zuckte mit den Achseln. »Normalerweise schon, ja. Aber ich bin halt ein spontaner Typ.« Er grinste und sah sie bedeutungsvoll von der Seite an.

Tanja schmunzelte. *Ach ja? Ich auch, aber ein wenig Planung brauche ich trotzdem*, dachte sie. Sie lief sehr dicht neben ihm, streifte ihn immer wieder wie zufällig. Er trug ein ärmelloses T-Shirt und kurze Hosen, seine Haut war braun gebrannt und heiß. Bei jeder Berührung schienen elektrische Funken überzuspringen und Tanja wurde immer unruhiger. Manchmal fragte sie sich, ob sie so was wie eine Nymphomanin war, die ständig ein sexuelles Abenteuer brauchte. Oder ob es so war, wie eine Psychologiestudentin mal behauptet hatte – dass sie auf der Suche nach Liebe sei. Aber egal, wie – Sex machte Spaß, und sie hatte sich vorgenommen, es solange auszukosten wie möglich. Dieser Junge neben ihr gefiel ihr. Ob er bereit war, sie spontan zu ficken?

Sie nahm seine Hand und zog ihn zum Wasser, das nur ein paar Meter vor ihnen lag. Sie waren fast die ganze Strecke, die Tanja zuvor gegangen war, wieder zurückgelaufen, und waren jetzt in der Nähe der kleinen Bucht, die sie gefunden hatte. Selbst das Meer war warm. Übermütig platschte sie mit den Füßen in den auslaufenden Wellen herum und spritzte Markus nass, der sich lachend revanchierte. Irgendwann triefte ihre Kleidung vor Nässe, was zwar fantastisch kühlend wirkte, aber auch ihre Nippel durch den dünnen Stoff durchscheinen ließ und Markus einen gierigen Ausdruck auf das Gesicht zauberte.

Tanja registrierte die wachsende Beule in seiner Hose und ging lächelnd auf ihn zu. Das knappe Top, unter dem sie keinen BH trug, klebte an ihrem Körper und modellierte ihre Brüste nach. Als sie dicht vor Markus stand, legte sie wortlos eine Hand auf seinen Schoß und rieb ein paarmal darüber.

Er sah sie mit großen Augen an, hob seine Hand und streichelte über ihre Brust, doch dann blickte er sich unsicher um, ob jemand sie beobachtete.

»Komm mit«, sagte Tanja leise und zog ihn an der Hand

zu dem kleinen Vorsprung, der sie vor Blicken schützte. Dort zog sie ohne Umstände ihre Shorts und das Top aus und stand nackt mit harten Nippeln vor ihm. Aus ihrem Haar tropfte Wasser über ihre Schultern, rann ihren Rücken hinab und über ihren Busen, wo es neckisch an ihren Nippeln hängen blieb und einen Tropfen bildete, der dann, sobald er groß genug war, hinunterfiel.

Markus war so versunken in ihren Anblick und das perlende Wasser, dass er sich zunächst nicht rühren konnte. Tanja lächelte und stellte sich so dicht vor ihn, dass ihre Brustwarzen ihn berührten. Markus erwachte, sah sie kurz an, dann küsste er sie. Seine Lippen waren hart und fordernd, seine Hosenbeule wuchs. Er schlang die Arme um das nackte Mädchen vor ihm und konnte sein Glück kaum fassen. Sie drängte ihren Unterleib an ihn und keuchte atemlos. Seine Hände strichen über ihre feuchte Haut, sie wollten alles an ihr ertasten und in sich aufnehmen.

»Willst du dich nicht ausziehen?«, fragte Tanja leise. Es dauerte ihr alles zu lang, jeden Moment könnten andere Spaziergänger am Meer entlanglaufen und einen Blick in ihre Richtung werfen. Auch wenn dieser kleine Vorsprung sie beide vor Einsichten schützte – sobald jemand anderes auf die Idee käme, ebenfalls hier Schatten zu suchen, würden sie entdeckt werden. Sie half Markus dabei, die nassen Klamotten auszuziehen, und schnurrte begeistert, als ihr sein hübscher Schwanz entgegenschnellte. Gierig beugte sie sich vor und leckte mit der Zunge über seine Eichel. Sie mochte diese samtweiche, zarte Haut, die so herrlich empfindlich war.

Markus über ihr stöhnte, als sie sanft an seinem Loch saugte und ihn in die Hand nahm. Er schloss die Augen, fickte unwillkürlich in ihren Mund und fragte sich, wie er zu diesem Glück kam. Ein hübsches Mädchen, das ihn abschleppte und ihm hier im Schatten des Felsvorsprungs einen blies? Er hätte seinen Freunden zu Hause echt was zu erzählen! Vor allem, weil sie seinen Schaft verdammt geschickt wichste.

Tanja war so gierig auf diesen Markus, dass sie sich nur kurz seinem Schwanz widmete. Sie massierte noch ein wenig seine Eier, während sie ihn ableckte, dann ließ sie von ihm ab und richtete sich auf. Ihr Gesicht war rosa angehaucht vor Erregung. Sie bückte sich, breitete ihre Kleidung ein wenig auf dem kühlen Sand aus, dann legte sie sich hin und spreizte die Beine. »Los, mach schon!«, sagte sie heiser.

Markus stürzte sich fast auf sie. Ihre leuchtenden Schamlippen lockten ihn, luden ihn ein, zogen ihn wie Magnete an. Er vergrub sein Gesicht zwischen ihren Brüsten, als er ungestüm in sie drang, ihre heiße Möse durchpflügte und sich zuckend in ihr zu bewegen begann.

Tanja legte sich zurecht, schlang ihre Beine um seine schmalen Hüften und zog ihn in sich hinein. Oh ja, dieser Junge war scharf auf sie, das konnte sie spüren. Er füllte sie ganz aus, rieb sie von innen, verursachte diese geile Schwere ihres Beckens, die sie so liebte. Keuchend fickte Markus in sie hinein, während sie zu stöhnen begann und ihr Becken hob, um jeden Stoß zu parieren.

Doch es dauerte nur wenige Minuten, bis Markus sich stöhnend in sie ergoss und erschöpft auf ihr zusammensank.

*Das war es?*, fragte sie sich. *Länger kann er nicht?* »Hey«, meinte sie. »Ich bin auch noch da!«

Er hob den Kopf und sah sie verwirrt an.

»Wichs mich, fick mich – egal was, aber so kannst du mich nicht zurücklassen!«, forderte sie.

»Ach so …« Er zog sich aus ihr zurück und schob seine Hand zwischen ihre Schenkel, dort, wo sie warm, weich und immer noch nass war vor Lust. Sie nahm seine Hand und zeigte ihm, wie sie es mochte. Er lernte schnell und bald konnte sie sich ganz auf ihre Erregung konzentrieren, sich ihm keuchend entgegenwölben, ihm heiser Anweisungen zustöhnen und den Lustgipfel erklimmen, der nur auf sie wartete.

Ihre Erregung sprang auf ihn über. Markus strich ein paarmal über seinen erwachenden Schwanz und sah die Chance gekommen, sie erneut zu vögeln, als sie mit verzerrtem Gesicht immer lauter wurde. Flink schob er sich wieder über sie, tauchte seine Rute in ihre heiße Grotte und stieß verzückt hinein.

Tanja öffnete erstaunt die Augen, dann wurde ihr Blick wild. Diesmal war sie kurz vor dem Höhepunkt und er überrollte sie mit Wucht, während Markus immer wieder in sie stieß und – ebenfalls stöhnend – wieder nach kurzer Zeit kam. Sie lag zuckend und bebend unter ihm, genoss ihre Lust und rotierte mit dem Becken.

Plötzlich hörte sie Stimmen, die näher kamen. »Psst!« Sie legte Markus einen Finger auf den Mund. Er sah sie erschreckt an, dann zog er sich zurück und ließ sich auf den kühlen feuchten Sand rollen. Schweigend lächelten sie sich an und warteten, bis die Stimmen nicht mehr zu hören waren.

»Geil!«, sagte er und schüttelte seine feuchte Hose aus.

»Spontan genug?«, fragte Tanja kokett und tat es ihm nach.

Er lachte auf und blitzte sie mit seinen hellen Augen an. »Oh ja! So was könnte mir öfter passieren!«, meinte er schmunzelnd.

Sie zogen sich die feuchten Klamotten über und traten in die Sonne hinaus. Der Sand unter ihren Füßen war heiß.

»Die Stelle ist klasse. Kühler Sand, geiler Sex … besser als hier in der Sonne«, sinnierte Markus, während sie zurück zur Jugendherberge gingen.

Sina und Bone erwarteten Tanja mit fragenden Blicken,

aber Tanja hatte nicht die Absicht, ihnen von ihrem Abenteuer zu erzählen. *Sollten sie sich doch selbst um ihr Liebesleben kümmern,* dachte sie grinsend, *und wo man sich am besten während dem Sex abkühlen kann.*

Die beiden Mädchen spürten, dass Tanjas kurz angebundene Antwort, wo sie denn gewesen sei, alles war, was sie von ihr erhielten, und wandten sich achselzuckend ihrem Vorhaben zu, die kleine Ortschaft zu erkunden. Mit kleinen Rucksäcken bewaffnet machten sie sich auf den Weg.

»Das können wir gern wiederholen«, meinte Tanja lächelnd und ging, um ihre Sachen auszupacken.

***

Am nächsten Tag lagen sie zu dritt im heißen Sand, nahe am Wasser und dick mit Sonnencreme eingeschmiert. Sina und Bone lasen in Büchern, die sie mitgebracht hatten, Tanja lag neben ihnen und döste in der Sonne. Sie hatte ihr Bikinioberteil ausgezogen, um keine Streifen zu bekommen. Es war ihr egal, was andere Leute von ihr dachten. Sie wusste, dass sie gut aussah und einige Blicke auf sich zog, auch missbilligende, aber wie gesagt: Es war ihr egal.

Bereits am frühen Morgen waren die ersten Familien mit kleinen Kindern eingetroffen, die lärmend den Strand eroberten und mit Sand um sich warfen. Nun war es später Nachmittag. Die Mütter bedachten Tanja mit bösen Blicken. Die meisten waren ein Stück weitergewandert, nachdem sie die nackten Brüste entdeckt hatten. Die Familienväter dagegen begutachteten Tanja mit wohlwollenden und auch eindeutig lüsternen Blicken, die jedoch nur verstohlen gesandt wurden.

Da Tanja an den für sie alten Männern kein Interesse hatte, ignorierte sie sie. Erst, als sich ein junger Typ zu ihnen gesellte, blickte sie auf.

Es handelte sich um den zweiten Jungen, den sie bereits

auf der Fähre ausgemacht hatte. Seine Haut war leicht sonnenverbrannt, die Dreadlocks standen wirr von seinem Kopf ab und seine blauen Augen blitzten Tanja an. »Hi!« Er grinste und nickte auch Sina und Bone zu.

Tanja richtete sich halb auf und lächelte. »Hi. Wer bist du denn?«

»Jens. Und du?«

»Tanja.«

Sie schwiegen kurz, dann meinte Jens: »Du erregst hier ganz schön Aufsehen.«

»Ich?«

»Ja.«

»Ist nackt sonnenbaden nicht erlaubt?« Sie lächelte anzüglich.

»Oh, wegen mir schon!« Er ließ seinen Blick über ihren Körper gleiten. »Und es gibt kein Gesetz, dass das hier verbietet. Nein, ich sage das nur, weil ich bereits einen Streit mitbekommen habe, weil ein Familienvater eindeutig geil auf dich ist, was seine Frau absolut nicht lustig findet.«

Tanja lachte. Was ging es sie an, wenn andere wegen ihr stritten? Sie konnte nichts dafür, wenn der Vater seine Blicke oder seinen Schwanz nicht unter Kontrolle hatte. Sie zuckte die Achseln. »Was soll ich machen? Soll ich mir das Oberteil wieder anziehen?«

»Aber nein! Das wäre zu schade!« Wieder musterte er ihre Brüste, die steil emporragten.

Tanja grinste und legte sich wieder zurück. »Na dann …« Sie blinzelte ihn an. »Erzähl doch mal. Wo kommst du her?«

Jens studierte in Hamburg, war genauso alt wie Tanja und hatte seine Rastalocken sorgsam wachsen lassen. »Natürlich wasche ich mir die Haare«, sagte er entrüstet. »Der Trick besteht darin, sie nicht zu kämmen – was am Anfang ziemlich bescheuert aussieht«, gab er zu. Es hatte einige Zeit gedauert, bis sie so gut aussahen.

Tanja fand es mutig. Nicht jeder war bereit, dieses Aussehen so zu akzeptieren, und ließ entsprechende Kommentare los.

»War mir egal«, sagte Jens auf ihre Frage hin achselzuckend. Er lag auf einen Ellbogen gestützt neben Tanja, ließ abwechselnd seine Blicke über das Meer und dann wieder über ihre Brüste gleiten.

Leider konnte sie seine Badehose nicht sehen, dazu hätte sie sich seitlich beugen müssen, um einen Blick darauf werfen zu können. Aber auch so wusste sie, dass dieser Jens ihr immer besser gefiel. Sie grinste ihn an. Während ihrer Unterhaltung hatten die Mädels neben ihr ihn interessiert angesehen, aber schnell gemerkt, dass dieses Interesse nicht auf Gegenseitigkeit beruhte. Also widmeten sie sich vordergründig wieder ihren Büchern und lauschten neugierig ihrem Gespräch. Tanja wusste, dass sie sich früher oder später zurückziehen würden. Es würde gleich dunkel werden. Dann hätte sie freie Bahn.

Der kleine Vorsprung in der Landschaft mit dem kühlen Sand befand sich ein paar Gehminuten von ihrem Platz entfernt. Ansonsten war es einfach nur heiß. Der Sand unter ihnen glühte, der Wind war warm und weit und breit kein schattiges Plätzchen zu sehen. Die Familien um sie herum brachen allmählich auf, entweder, um ihre Kinder vor dem Schlafen abzufüttern oder ihre Ehemänner vor weiteren Versuchungen zu bewahren. Der Strand leerte sich und lag in der Abendsonne fast verlassen da. Bone seufzte, klappte ihr Buch zu, packte es ein und verkündete, dass sie noch mal schwimmen gehen wolle und dann Hunger habe. Wenn Tanja ehrlich war, dann sahen die beiden Mädels in ihren leuchtenden Bikinis sehr hübsch aus. Eigentlich müssten die jungen Kerle auch um sie herumschwärmen, dachte sie und blinzelte in den dämmernden Himmel. Was war es also, was Letztere davon abhielt? Sie dachte darüber nach, während sie sich der Nähe des attraktiven Jens nur allzu bewusst war. An ihr allein konnte es nicht liegen. Vielleicht eher daran, dass die jungen Männer spürten, ob ein Mädchen es darauf anlegte oder nicht? Sie selbst strahlte mit Sicherheit das aus, was sie wollte: Kerle, die bereit waren, es ihr zu besorgen. Ob Jens eine Freundin in Hamburg hatte? Aber selbst wenn, dann war es Tanja egal. Sie sah ihm in die Augen, sah die unausgesprochene Verheißung darin und wusste, dass es nur noch eine Frage der Zeit war, bis sie ihn endlich für sich hatte.

Sina räumte ihre Tasche ein und zog ihr T-Shirt an, als Bone wieder aus dem Wasser zurück war. Beide unterhielten sich über ihr Vorhaben, am nächsten Morgen wieder aufs Festland und nach Hause zu fahren, dann verabschiedeten sie sich von Tanja und Jens und gingen.

Es wurde dunkel. Die Sonne ging als glühend roter, riesiger Ball unter, färbte den Himmel rosa und lila.

Tanja richtete sich auf und streifte sich ihr Shirt über die Schultern. Auf BH oder Bikini-Oberteil verzichtete sie wie so oft.

Jens sah sie aufmerksam an.

»Hast du Lust auf einen Spaziergang?«, fragte sie.

Er nickte und erhob sich. Offenbar war er nur mit der Badeshorts bekleidet direkt zum Strand gelaufen, denn er hatte keine Sachen dabei.

Sie nahm ihre Tasche auf und stapfte in die Richtung des Felsvorsprunges. »Ich kenne da ein hübsches Fleckchen, wo der Sand richtig kühl ist«, sagte sie und lächelte. Während der zunehmenden Dunkelheit kühlte zwar auch der Platz ab, auf dem sie bisher gelegen waren, aber trotzdem …

»Wie praktisch«, grinste er zurück. Sie konnte deutlich erkennen, dass er heiß auf sie war, denn keine Badeshorts der Welt war so weit geschnitten, dass ein harter Schwanz darin ungesehen Platz hatte.

Sie stapften durch den Sand und Tanja führte Jens quer über

den Strand zu dem Felsvorsprung. Dort war es wie versprochen kühl und vor allem dunkel, der Sand unter ihren Füßen fast kalt. Sie grub ihre Zehen hinein, als sie sich zu Jens umdrehte, der dicht hinter ihr stand. Tanja ging auf die Zehenspitzen und küsste ihn leicht. Eine Geste, die ihn herausfordern sollte, doch Jens erwiderte zwar den Kuss, doch ansonsten rührte er sich nicht, legte nicht die Arme um sie und zog sie nicht an sich.

Sie sah ihn fragend an. »Was ist? Willst du nicht?«

Er seufzte. »Und wie ich will. Aber wie weit darf ich denn?«

Tanja war überrascht. *Ein höflicher junger Mann?*, dachte sie. *Wie süß!* Sie gab ihm einen weiteren Kuss und ihre Hand tastete sich in seine Badehose. »So weit du willst«, flüsterte sie lächelnd. Sie streichelte sanft seine Rute, die sich in ihre Hand schmiegte.

Jens lächelte zurück und leckte ihre Lippen, dann ließ er seine Zunge vorschnellen und erkundete ihren Mund. Er schmeckte verdammt gut, fand Tanja. Sie presste ihren Körper an ihn und wichste geschickt über den Schaft seines Stabes, der sich in ihrer Hand wohlzufühlen schien.

»Mach weiter«, ermutigte sie Jens. Er fing an, ihre Brüste zu kneten und durch den Stoff hindurch über ihre Brustwarzen zu reiben. Dann schob er das T-Shirt mit einer schnellen Bewegung hoch und saugte an ihren Nippeln, die verlockend hart hervorstachen. Tanja keuchte lustvoll auf. Er machte das verdammt gut, besser als Markus. Sie war gespannt, ob Jens auch besser ficken konnte. Seine warme Haut roch angenehm nach Sonne und Wind.

Tanja reckte ihm ihre Brüste entgegen und schloss die Augen. Seine Zunge war flink und gierig, seine Lippen umschlossen ihre Brustwarzen, dann wieder streiften sie sanft darüber und bedachten ihre Haut mit winzigen elektrisierenden Küssen. Er ging in die Hocke und zog ihr Höschen herunter. Als Jens ein wenig ihre Beine spreizte und seine Zunge vorschnellen ließ, hielt sie sich an seinen Schultern fest.

*Oh ja, definitiv besser!*, beschloss Tanja und jauchzte, als seine Zungenspitze auf ihre Klit traf. Sie war nass, pulsierte sehnsüchtig und schwoll gierig an.

Jens leckte sie ausgiebig. Seine Zunge stieß immer wieder in ihre Möse, schmeckte ihren Saft und sein Mund saugte an ihren Schamlippen, die lustvoll anschwollen. Ihre Kirsche reckte sich ihm entgegen, gierig nach jeder Berührung, jedem Reiz, den seine Zunge ihr gab. Tanja hielt sich am Felsen hinter ihr fest und schloss die Augen. Sie legte ein Bein über Jens' Schulter, um sich weiter für ihn zu öffnen. Ihre Brust mit dem zusammengerollten T-Shirt darüber hob und senkte sich hektisch, und der warme Wind, der sich ab und zu in diese Nische verirrte, strich über ihre harten Nippel.

Als Jens von ihr abließ und sich aufrichtete, stand seine Badeshorts weit von ihm ab, sie konnte es im schummrigen Dämmerlicht sehen. Tanja griff hinein, packte seine Rute aus und beugte sich vor, um diesem geschickten Typen die gleiche Lust zu verpassen, wie er es kurz zuvor noch bei ihr getan hatte. Sie ließ ihre Zunge hervorschnellen und über seine Spitze lecken, als ob sie ein Eis am Stiel vor sich hätte. Jens keuchte, seine Hand griff in ihr Haar, dirigierte ihren Kopf, während er mit kleinen Bewegungen in ihre Mundhöhle fickte.

*Er schmeckt verdammt lecker.* Tanja wichste seinen Schaft und saugte an ihm. Ihre andere Hand zog ihm die Shorts herunter. Sie streichelte seine Hoden, dann entließ sie ihn schmatzend aus ihrem Mund und zog Jens mit sich auf den Boden. Der kühle Sand unter ihr war in der Hitze der Erregung das Beste, was ihnen beiden passieren konnte.

Jens war über ihr, küsste sie, ließ seine Lippen zu ihren

heißen, nackten Brüsten wandern und zerrte an ihrem T-Shirt, das er ihr über den Kopf zog. Sie lagen nackt auf dem kühlen Sand, keuchten und rieben ihre heiße Haut aneinander, bis Tanja ihre Schenkel öffnete. Sie hielt dieses sehnende Pochen zwischen ihren Beinen nicht mehr aus. Die Lust tat fast weh. Ihre Möse pochte und zog, sie war nass und geil auf diesen Jens, dessen Rute ihr Erlösung verschaffen konnte.

Er legte sich auf sie, drang langsam in sie ein und starrte ihr in die Augen.

»Fick mich endlich«, flüsterte Tanja.

Er schüttelte den Kopf und lächelte. »Gleich.«

Sie bewegte ihre Hüften, um ihn zu zwingen, sich in ihr zu bewegen, aber Jens grinste sie breit an. Sein Schwanz füllte sie aus, verursachte ein gieriges Brennen in ihr. Sie wollte endlich den Gipfel erreichen, was hinderte ihn?

»Langsam«, sagte er. Sie spürte seine Bewegung, hob ihm ihr Becken entgegen. Doch er ging nicht darauf ein. Langsam schob er sich tiefer in sie, zog sich ebenso langsam zurück, nur um erneut wieder in sie zu gleiten. Er lag halb auf ihr, seine Ellbogen beidseitig von ihr abgestützt.

Tanja schlang ihre Beine um seine Hüften und zog ihn tiefer in sich hinein. Sie spürte, wie ihre Erregung wuchs, je länger er sie warten ließ. Trotzdem versuchte sie, das Tempo zu bestimmen, und quälte sich mit ihrer Lust.

Da fickte Jens plötzlich ein paarmal schnell in sie, so hart, dass Tanja nach Luft schnappte und begeistert jauchzte. »Ja!«, rief sie.

Jens grinste mit lustverzerrtem Gesicht, dann zwang er sich, wieder innezuhalten.

»Was ist? Warum machst du nicht weiter?«, jammerte Tanja.

»Glaub mir, ich weiß, was ich tue«, versprach er und küsste sie. »Du wirst schreien.«

Sie war gespannt, wie er das meinte. Alles, was sie bisher

registriert hatte, war, dass das Warten mit seinem pochenden Schwanz in ihr ihre Geilheit nur noch stärker angefacht hatte. War das seine Absicht? Wieder hob sie ihre Hüften, stemmte ihre Füße in den kühlen Sand und sein Stab zuckte in ihr. Allmählich machte es ihr Spaß, auch wenn es andererseits unerträglich war, diese Lust auszuhalten. Sie schloss die Augen und ließ ihre Scheidenmuskeln sich zusammenziehen.

Endlich spürte sie, wie Jens erneut in sie vögelte, und dieses Mal Mühe hatte, wieder aufzuhören.

»Bitte«, flehte Tanja, »mach weiter! Ich halte das nicht aus!«

Jens grinste. Gemächlich bewegte er sich weiter, hörte nicht damit auf, wurde jedoch auch nicht schneller, wie von Tanja verlangt. Sie jammerte, wimmerte, stöhnte und keuchte. Die Lust baute sich tief in ihr auf, so mächtig wie sonst nie. Sie überschwemmte ihren Körper, machte ihr Gehirn blutleer und sammelte sich in ihrem Unterleib, ließ ihre Brüste anschwellen wie ihre Kirsche. Tanja war fast wie von Sinnen, wurde willenlos und war dennoch nur noch konzentriert danach bestrebt, den nächsten Stoß von Jens' heißem Schwanz zu empfangen. Sie öffnete ihre Schenkel weit, reckte ihre Beine in die Luft und jauchzte mit jedem Stoß.

Jens keuchte. Er hielt das nicht mehr lange aus, doch er wusste, wie klasse ein Orgasmus nach diesem tranceartigen langsamen Ficken war. Er hatte in diesen Dingen eine gute Lehrerin gehabt und selbst erlebt, wie gewaltig die Explosion sein konnte. Und wenn er die Laute, die Tanja von sich gab, richtig interpretierte, dann wäre sie bald soweit. Unmerklich zog er das Tempo an. Seine Arme zitterten vor Anstrengung und sämtliche Muskeln seines Körpers waren angespannt. Konnte ein Mädchen noch gieriger sein?, fragte er sich schmunzelnd. Sein Schwanz fickte schmatzend in ihre nasse Spalte, bei jedem

Aufeinandertreffen ihrer Körper entstand ein geiles Geräusch.

Tanja verdrehte die Augen vor Lust und spürte einen Orgasmus heranrollen, der heftig zu werden versprach. Ihr Mund stand weit offen, sie atmete und keuchte schwer.

Jens leckte über ihre Nippel, die hart hervorstachen und ihn verlockten. Er wusste, dass er gleich platzen würde, daher hielt er noch einmal inne und bewegte sich nicht, in der Hoffnung, es noch herauszögern zu können.

Aber Tanja begann zu kreischen. Sie ließ ihr Becken rotieren, ihre Muskeln zogen sich zusammen, sie wölbte den Rücken und presste ihn mit ihren Unterschenkeln tief in sich hinein.

*Okay*, dachte Jens, stemmte sich ab und fickte heftig in sie. Mit wenigen Stößen gab er sich den Rest und spürte den Höhepunkt wie eine riesige Welle über sich kommen.

»Hasko! Komm sofort her!«

Das Schnüffeln entfernte sich wieder von ihnen und Jens ließ sich neben Tanja in den kühlen Sand plumpsen. »Ich hab dir versprochen, dass du schreist«, grinste er.

Tanja lächelte zurück. »Ja, so laut, dass ein Hund beim Abendspaziergang gleich mal nachsehen muss, ob ich in Nöten bin!«

»Solang es nur ein Hund ist!«

# Picknick im Park – Lass mich dich kosten

Der weitläufige Stadtpark strahlte vor Grün mit der Sonne um die Wette. Die Laubbäume schmückten sich mit hellen, zartgrünen Spitzen über den saftigen, dunkleren Blättern, manche zeigten die ersten Knospen oder trugen bereits rosa und weiße Blüten. Auf dem Spielplatz in der Nähe tummelten sich ein paar Kinder auf dem Drehkarussell, etwas weiter entfernt saßen und standen Senioren um ein riesiges Bodenschachbrett herum und der Besitzer des Pavillons, der einen Kiosk beinhaltete, freute sich über die durstige Schlange vor seiner Kasse.

Hannah schlenderte mit Buch und leichter Jacke über die Wege zwischen den Blumenrabatten, bis sie einen etwas abgeschiedenen Platz unter einem Baum fand, der durch ein paar Haselnussbüsche abgegrenzt war. Heute und die ganze Woche über hatte sie frei, doch weil sie nicht in den Urlaub fahren wollte, verbrachte sie die Tage hier im sonnigen Stadtpark. Sie suchte sich dann einen netten Platz, schaute müßig in der Gegend umher oder vertiefte sich in ihr Buch. Manchmal, wenn Hannah sich am Kiosk einen Kaffee holte, ergab sich ein Gespräch mit einer anderen Studentin. Ansonsten beobachtete sie gern die jungen Männer, die wie sie die studienfreien Tage genossen.

Einer von ihnen fiel ihr besonders auf. Er spielte ganz in der Nähe mit zwei Freunden Softball. Sein nackter Oberkörper zeigte bereits die erste Bräunung. Er war der Grund, weshalb Hannah sich für den heutigen Tag ausgerechnet diese Stelle ausgesucht hatte, um offiziell in ihrem Buch zu lesen, dem Typen aber inoffiziell verstohlene Blicke zuzuwerfen. Er gefiel ihr. Sein dunkles Haar war lockig und halb lang, die Augen hellgrün. Sie hörte ihn immer wieder auflachen, wenn er und seine Freunde sich gegenseitig aufzogen. Außerdem hatte er lange Beine, die in knielangen Jeans steckten. Hannah wünschte, sie würde sich trauen, offensiv mit ihm zu flirten, aber mit den beiden Typen an seiner Seite …

Sie würde sich mit Beobachten begnügen müssen. Vorerst.

***

Benjamin sah das Mädchen, das auf den Baum hinter den Haselnusssträuchern zuging, und verpasste den nächsten Ball, den Tim ihm zukickte.

»Alter, was ist los mit dir?« Samuel grinste. Benji, wie alle ihn nannten, zuckte nur mit den Schultern und gab den Ball weiter. Verstohlen spähte er zu dem Baum hinüber. Die Unbekannte hatte sich hingesetzt, nur halb von den Sträuchern verdeckt. Sah sie zu ihm hinüber? Er konnte es nicht erkennen, ihre Sonnenbrille ließ es nicht zu. Verdammt, war sie hübsch. Er hatte sie noch nie zuvor gesehen, sonst wäre sie ihm aufgefallen.

Der Ball flog an seinem Kopf vorbei. Zum Glück war es ein Softball, trotzdem erschreckte sich Benji und überspielte es mit einem breiten Grinsen.

»Junge, du schwächelst«, stellte Tim fest und schlug eine Pause vor, um sich ein Eis zu holen.

Die Schlange vor dem Kiosk war kleiner geworden. Sie wählten jeder ein Eis und stellten sich in den Schatten. Jeder von ihnen stand mit nacktem Oberkörper da, doch nur Benjis Haut wies die erste goldbraune Färbung auf. Die anderen beiden begannen, auf den Schultern krebsrot zu werden.

»Da drüben sitzt eine süße Kleine«, sagte Benji leise zu seinen Freunden. »Guckt sie euch später an, wenn wir wieder anfangen zu spielen.«

Tim hatte sich sofort umgedreht, sah aber nicht, wen er meinte. Samuel leckte seelenruhig an seinem Eis weiter. »Wo?«, fragte er.

»Unter dem Baum.«

»Und? Willst du sie kennenlernen?«

Benji grinste. »Ja. Und ihr müsst mir dabei helfen.«

Als sie zu dem kleinen Rasenstück zurückkehrten, guckte Tim neugierig zu dem Mädchen rüber, kurz darauf Samuel.

»Uuuuh«, machte Tim anerkennend. Trotz der Sonnenbrille konnten sie erkennen, dass sie ein herzförmiges Gesicht mit vollen Lippen hatte. Aus den blonden, hochgesteckten Haare fielen ein paar Strähnen auf die runden Schultern. Das locker fallende Top verdeckte zwar ihre Brüste, trotzdem war eindeutig, dass sie nichts darunter trug. Und die endlos langen Beine waren zart gebräunt und steckten in einem knappen Höschen.

»Mist«, brummte Samuel und schmunzelte. Benji sah ihn fragend an. »Na ja … du hast sie zuerst entdeckt!«

Sie grinsten, dann kickten sie sich wieder Bälle zu und unterhielten sich, wie Benji die Hübsche kennenlernen sollte. Eine einfache Sache, fand Samuel und schoss den Softball an Benji vorbei. Er rollte bis zu den Haselnusssträuchern.

Tim grinste. »Du bist dran«, stellte er fest.

Benji grinste zurück und drehte sich um, um den Ball zu holen. Als er auf die Sträucher zuging, sah das Mädchen von ihrem Buch auf.

»Hi!«

»Hallo.«

Er stand mit dem Ball in der Hand da und gaffte sie fast an. Aus der Nähe war sie noch hübscher. Vor allem ihre Nippel. Sie stachen durch den dünnen Stoff und Benji hatte Mühe, seinen Blick nicht ständig darauf zu lenken. Es ging etwas Sinnliches von ihr aus. Sein Schwanz reagierte entsprechend.
»Ich bin Benji«, sagte er mit blitzenden Zähnen.

»Hannah.«

»Bist du öfter hier?«

Sie lächelte ihn an. »Ja.«

»Hab dich aber noch nie gesehen ... so eine Schönheit wäre mir sofort aufgefallen ...« *Verflixt, was für ein blöder Spruch*, dachte er. Aber es schien sie nicht zu stören.

»Ach ja?« Sie grinste. »Und wenn?«

»Dann hätte ich dich sofort angesprochen und gefragt, ob wir uns mal treffen.«

Sie lachte. »Klar. Wir treffen uns doch. Hier und jetzt.« Ihr Lachen klang perlend, wie bei einem Glockenspiel.

»Ja, schon. Aber ich meine, auch sonst ... zum Beispiel heute Abend? Im Rosen? Kennst du das?«

»Die Studentenkneipe? Bis jetzt nicht. Und heute Abend kann ich nicht.« Als sie seinen enttäuschten Blick sah, fügte sie ein »Sorry«, hinzu und lächelte entschuldigend.

»Benji! Ich muss los!«, rief Tim.

»Ich komme gleich!« Er wandte sich wieder Hannah zu. Hartnäckig hakte er nach: »Dann ein anderes Mal? Morgen?«

Sie sah ihn an und dachte nach. »Morgen kurz nach dem Mittag hier«, schlug sie dann vor.

Eigentlich wollte Benji ungestört mit ihr plaudern und nicht in aller Öffentlichkeit mit Leuten um sie herum, die sie beide belauschen oder beobachten konnten. Wenn er sich an ein Mädchen ranmachte, schaffte er es meistens bereits am ersten Abend, sie ins Bett zu kriegen. Aber tagsüber, mit spielenden Kindern im Park und anderen Leuten? Er würde sich zähneknirschend gedulden müssen und ein weiteres Date mit ihr ausmachen. Also, was blieb ihm anderes übrig, als jetzt zuzustimmen, wenn er Hannah wiedersehen wollte? »Okay. Ich werde da sein!« Er lächelte und erklärte ihr, dass er jetzt gehen müsse. »Bis morgen!«

»Ja. Bis morgen.«

Benji drehte sich um, zeigte seinen Freunden einen Daumen nach oben und grinste breit. Sie schwangen sich auf ihre Fahrräder und radelten los.

Hannah sah ihnen hinterher. Sie schmunzelte, weil es Benji gewesen war, der die Initiative ergriffen und sie angesprochen hatte. *Verdammt süß*, dachte sie und klappte ihr Buch zu. Sie würde sich überlegen, ob sie morgen tatsächlich hier aufkreuzte oder ihn ein wenig zappeln ließe. Schließlich war nur kostbar, wer sich rarmachte, überlegte sie. Andererseits, was brachte es, einen kostbaren Tag zu verschwenden, nur um jemanden warten zu lassen?

Vor allem, weil sie die Schwellung gesehen hatte, die sich unter dem Stoff seiner Hose abgezeichnet hatte. Benji hatte nicht sehen können, wie sie ihn gemustert und auf diese Beule gestarrt hatte. Ihre Sonnenbrille war völlig verspiegelt – ein Vorteil, wenn man andere Leute beobachtete. In diesem Moment hatte ihre Spalte begonnen zu prickeln und ihre Nippel waren hart geworden. Hannah vermutete, dass Benji das bemerkt hatte, denn sein Blick war immer wieder auf ihre Brüste gefallen und er schien sich nur mühsam davon wegreißen zu können. Sie schmunzelte. Dass sie keinen BH trug, hatte sich anscheinend ausgezahlt.

Als sie an diesem Abend in ihr WG-Zimmer zurückkehrte, schloss sie die Tür hinter sich ab und warf sich aufs Bett. Sie konnte nicht aufhören, an diesen attraktiven Benji zu denken. Sein Oberkörper war perfekt, unter den Bauchmuskeln hatte sich ein Sixpack abgezeichnet. Was sie vor allem anzog, war sein Lachen und die blitzenden Augen. Und die sensiblen Lippen …

Sie schob sehnsüchtig eine Hand zwischen ihre Schenkel, wo es schon den ganzen Tag gepocht und gezogen hatte. Ihre Spalte war regelrecht nass, und als sie ihren Kitzler berührte, sandte dieser einen kleinen Stromstoß durch ihren Körper. Hannah grinste. Es war Zeit für Entspannung, beschloss sie, und begann, sich zärtlich an ihrer empfindlichsten Stelle zu streicheln. Sie stellte sich vor, dass Benji sie dort berührte, vielleicht sogar leckte – und dann seinen Schwanz in sie drängte und sie heftig fickte. Da sie bereits die ganze Zeit heiß gewesen war, dauerte es nicht lange, bis sie sich vor Lust auf dem Laken wand, atemlos keuchte und ihren Aufschrei mit ihrem Kissen erstickte. Während sie ihren Höhepunkt zelebrierte, wusste sie, dass sie am nächsten Tag mit Sicherheit in den Stadtpark gehen würde.

***

Benji war mit seinen Freunden zunächst ins Studentenwohnheim gefahren und dann in die Studentenkneipe, um sich mit den anderen Kommilitonen zu treffen. Die ganze Zeit über ging ihm diese Hannah nicht aus dem Kopf. Ob sie gemerkt hatte, dass er erregt war? Er hoffte, dass ihr die Beule in seiner Hose nicht aufgefallen war. Tim hatte sie gesehen und ihn anzüglich angegrinst, während sie zu den Fahrrädern gegangen waren.

Verdammt, was hatte dieses Mädchen an sich, dass er ständig an sie denken musste? Sich vorstellen musste, wie er ihre Brüste ableckte, an ihren Nippeln knabberte und zunächst eine Hand zwischen ihre Beine schob und dann seinen Prügel? Ob sie schrie, wenn sie kam?

Er schüttelte den Kopf. *Reiß dich zusammen, Junge*, ermahnte er sich. *Du hast keine Ahnung, ob sie auf dich steht.* Das einzige

Indiz, das er hatte, waren ihre harten Nippel. Er bemühte sich, den Gesprächen seiner Freunde zu folgen, beteiligte sich ab und zu daran, war aber ungewohnt ruhig. Und als er die Kneipe früher als sonst verließ, wechselten Samuel und Tim einen verwunderten Blick. Sie kehrten etwa eine Stunde nach Benji in das Wohnheim zurück, und als sie an der Tür von Benjis Zimmer lauschten, konnten sie eindeutig ein unterdrücktes Stöhnen hören.

Samuel grinste. »Entweder krank oder es hat ihn erwischt«, stellte er seine Diagnose.

»Warten wir es ab. Falls er sie hierher abschleppt, wissen wir es«, meinte Tim grinsend.

***

Hannah ging vormittags einkaufen. Eier, Brot, Obst, Gemüse. Zu Hause schnipselte sie Obst und Gemüse in kleine Häppchen, kochte die Eier ab und belegte das Brot mit Salami, Schinken und Käse. Für die Gemüsesticks rührte sie einen Dip an und füllte ihn in einen Behälter. Alles zusammen packte sie sorgfältig in einen kleinen Korb, legte noch Salz, eine Flasche Wasser und eine Flasche Wein hinein sowie Pappbecher, Teller und Servietten. Obendrauf legte sie eine Decke und räumte die gemeinschaftliche Küche wieder auf. Zufrieden besah sie ihr Werk. Sie hatte das Gefühl, von ihrer Seite aus alles getan zu haben, damit dieses kleine Picknick mit Benji ein voller Erfolg würde. Nun musste sie nur noch sich entsprechend vorbereiten – was zunächst eine ausgiebige Dusche zum Abkühlen beinhaltete, denn wenn sie an den attraktiven Typen dachte, wurde ihre Möse bereits wieder saftig. Danach cremte sie sich sorgfältig die Haut ein, frottierte ihr Haar, kämmte es und band es hoch. Sie wandte viel Zeit für ihr Make-up auf, das einerseits raffiniert, andererseits natürlich wirken sollte. Zum Schluss stand sie vor ihrem Kleiderschrank und überlegte, ob sie eher etwas Praktisches oder etwas Geiles anziehen sollte, auch wenn sie als Studentin mangels Finanzen nicht viel besaß. Sie entschied sich für Letzteres und zog einen ultrakurzen Rock sowie ein hübsches, raffiniert geschnittenes Oberteil aus dem Schrank. Es war tief ausgeschnitten, und wenn sie wie gestern keinen BH trug, dann würde es Benji entsprechende Einblicke geben.

Sie lächelte ihrem Spiegelbild zu. »Der Typ muss unweigerlich heiß auf dich werden, Süße«, sagte sie sich selbst und sah auf die Uhr. Es war Zeit, ihren Plan in die Tat umzusetzen. Sie machte sich mit dem Picknickkorb auf den Weg in den Stadtpark.

An diesem Tag war es noch heißer als sonst. Hannah schlenderte zu dem schattigen Baum hinter den Haselnusssträuchern und war überrascht, dass Benji dort bereits auf sie wartete. Auf dem Weg hatte sie befriedigt registriert, dass der Park nahezu leer war. Entweder waren die meisten Leute auf der Arbeit oder sie hielten Siesta, weil es ihnen zu heiß war. Doch hier, im kühlen Schatten des Baumes, war es angenehm.

Als Benji sie sah, stand er lächelnd auf und warf einen erstaunten Blick auf den Korb.

»Hi!«, sagte Hannah fröhlich.

»Hey! Was bringst du denn Schönes mit?«

»Hilf mir mal.« Sie gab ihm die Decke zum Ausbreiten, dann stellte sie den Korb daneben, zog die Weinflasche und die Becher heraus und öffnete die Flasche. Lächelnd schenkte sie ein, dann gab sie Benji einen Becher und hob ihren. »Auf unser Kennenlernen!«

Verblüfft erwiderte Benji ihren Toast und trank wie sie. Dabei musterte er sie verstohlen von oben bis unten. Sie sah zum Anbeißen aus. Wieder trug sie keinen BH und er hätte sich am liebsten sofort über sie hergemacht. Gleichzeitig spürte er ihre Blicke auf sich.

Ihr schien zu gefallen, was sie sah. »Setz dich doch«, lud sie ihn ein. Die Decke war groß genug für sie beide, und klein genug, dass sie sehr nah beieinandersitzen mussten. Zwischen ihnen war kaum Platz für die Leckereien, die Hannah jetzt aus dem Korb holte.

»Ich dachte mir, wenn wir uns schon mittags treffen, dann können wir das Angenehme mit dem Nützlichen verbinden.« Sie hatte ihre Sonnenbrille über die Stirn geschoben.

Benji sah in ein Paar kornblumenblaue Augen mit dichten Wimpern. Außerdem roch sie gut. Und ihre Brüste hypnotisierten ihn, er konnte kaum den Blick von der freizügigen Aussicht abwenden. Er hielt die Hände in seinem Schoß, damit dieses sexy Mädchen nicht mitbekam, wie sein Schwanz anschwoll. Und er fragte sich, wie er die nächsten ein oder zwei Stunden aushalten sollte, mit einer viel zu engen Hose und der Erregung, die durch seinen Körper kreiste.

Hannah reichte ihm einen Behälter, bot ihm Sandwiches und Karottensticks an und plauderte unverfänglich über ihr Studium, wobei sie ihm Fragen stellte, was er studierte, in welchem Semester er sei, welche Profs er habe und so weiter.

Benji entspannte sich allmählich und ging auf ihre Fragen ein, die ihn ein wenig von ihrem Anblick ablenkten. Sie kamen auf einen Professor zu sprechen, den sie beide bereits gehabt hatten, und erzählten sich lachend gegenseitig, wie sie ihn schon überlistet hatten. *Sie lacht so sexy*, dachte Benji.

Hannah spielte mit ihren Haarsträhnen, während sie Benji aufmerksam zuhörte. Sie lächelte ihn an, gab sich interessiert und legte ihm ab und zu eine Hand auf das Knie oder den Unterarm. All das waren Signale, die sie bewusst einsetzte und von ihm, wie sie wusste, unbewusst aufgenommen wurden. Dieser Typ zog sie magisch an, sie hätte es am liebsten jetzt hier und sofort mit ihm getrieben, aber das ging ja nicht – oder? Immer wieder sah sie sich um. Hinter den Sträuchern waren sie einigermaßen vor Blicken geschützt und es waren immer noch keine Leute da, weil es viel zu heiß war. Die Sonne brannte vom Himmel, erhitzte die asphaltierten Wege und hatte in den letzten Tagen bereits ein paar kleinere Pflanzen versengt. Die Stadtgärtnerei würde sich bald darum kümmern müssen, dachte Hannah beiläufig. Die Hitze flimmerte über den Wegen. Von Weitem konnten sie den Lärm vorbeifahrender Autos hören. Hannah senkte den Blick und sah verstohlen in Benjis Schoß. Wenn sie sich nicht irrte, dann war dieser Typ auch auf sie heiß. Immer wieder hatte er auf ihre Brüste gestarrt, auf die Brustwarzen, die sich durch den dünnen Stoff abzeichneten und ihn lockten. Oder in ihr Dekolleté hinein, wenn sie sich vorgebeugt hatte. Oh ja, dieser Kerl wollte sie, und sie ihn. Also, wohin mit ihnen? Ihr fiel der alte Spruch ein: *Wo ein Wille ist, da ist auch ein Gebüsch*, und sie musste grinsen. Sie würde diesen Benji hier verführen. Und sie hatte noch eine Überraschung für ihn parat.

Hannah nahm einen Gurkenstick und tunkte ihn in den selbst gemachten Dip hinein. Dann lächelte sie Benji an und forderte ihn auf, den Mund zu öffnen. Sie fütterte ihn ein paarmal, was er sich lächelnd gefallen ließ, und rutschte dabei immer näher an ihn heran. Als sie nahe genug war, seinen männlichen Duft wahrzunehmen, sog sie ihn tief ein. Ihre Spalte war feucht und ihre Lust ließ ihre Brüste anschwellen. Das Adrenalin kreiste durch ihren Körper. Sie nahm den letzten Karottenstick, doch sie tauchte ihn nicht in den Dip, sondern steckte ihn sich selbst in den Mund und wandte Benji den Kopf zu. Er war nur wenige Zentimeter entfernt, sah auf den Stick zwischen ihren Lippen, dann in ihre Augen und verstand. Langsam beugte er sich vor und biss ab, kaute kurz, dann biss er wieder ab – bis er bei ihren Lippen ankam, die er zunächst zart mit seinem Mund streifte.

*Endlich*, dachte Hannah. Ein heißes Lustgefühl durchströmte sie, erfüllte ihr Innerstes, während sie seinen Kuss erwiderte. Er hatte warme, weiche Lippen, seine Zunge erkundete ihren Mund und wurde immer forscher. Er schmeckte verdammt gut.

Eine Biene summte geschäftig um sie herum, kreiste kurz über ihren Köpfen und flog weiter. Die Sonnenstrahlen fielen in Sprenkeln durch das Laubdach des Baumes über ihnen. Ein paar Vögel zwitscherten. Ein leichter, warmer Wind kam auf, er strich über die heiße Haut von Benji und Hannah und bewegte raschelnd die Blätter über ihren Köpfen. Es war noch immer heiß. Dort, wo kein Baum Schatten spendete, nahm die sengende Mittagshitze zu.

Benji spürte seine Rute wieder anschwellen, die in der letzten halben Stunde etwas Ruhe gegeben hatte. Erneut wurde ihm seine Hose zu eng. Er hörte Hannahs leises Seufzen und wagte es, mit einer Hand ihre Brust zu umfassen. Sie keuchte, als er ihre Brustwarze streichelte. Verdammt, warum konnten sie nicht gleich hier vögeln?, dachte er. Er spürte ihre Hand in seinem Schoß, sie rieb und streichelte seinen Schwanz, der sich ihr sehnsüchtig durch den Stoff hindurch entgegenreckte. *Aber warum eigentlich nicht?*, war sein nächster Gedanke.

Sie sanken auf die Decke – Hannah lag auf dem Rücken, Benji seitlich über ihr – und küssten sich. Noch immer knetete sie seine Rute, bis Benji heiser fragte, ob sie ihn nicht endlich auspacken wolle. Ungeduldig riss Hannah an seinem Reißverschluss, öffnete die Hose und holte seinen Schwanz heraus. Lächelnd beugte sie sich über ihn. Sie küsste die Tropfen von der Spitze weg, hörte das laute Keuchen seines Besitzers und schlang ihre Zunge darum. Wenn es möglich war, dann wurde sein Gerät noch härter. Ihre Hand wichste ihn langsam, ihre

Lippen stülpten sich über seine Eichel und saugten daran, bis Benji stöhnte: »Stopp!«

Hannah ließ von ihm ab und lächelte ihn an. »Warum?«

»Willst du es wirklich hier?«

Sie sah sich um. Es war unverändert leer im Park. »Aber ja. It's now or never.« Sie grinste und schob eine Hand unter seine Hoden, die prall gefüllt vor ihr lagen. Ihre Brüste prickelten.

Benji legte gierig beide Hände auf sie, dann schob er ihr Top hoch und entblößte ihre Brüste. Sie schaukelten verführerisch vor ihm, lockten und riefen ihn, und als er sich aufrichtete, um ihre Nippel zu lecken, war es an Hannah, aufzustöhnen. Sie spürte seine Hand zwischen ihren Beinen und schmunzelte, weil er gleich ihre Überraschung entdecken würde.

»Oh!«, sagte er leise, als seine Hand an ihrer Spalte angekommen war. »Du trägst kein Höschen?« Er sah sie mit großen Augen an. Lächelnd schüttelte sie den Kopf und konnte sehen, wie es in ihm arbeitete.

»Das heißt ja …«, sagte er langsam und umfasste ihre Schamlippen mit seiner Handfläche, woraufhin Hannah keuchte, »… dass du das hier geplant hast …« Er rieb mit einem Fingerknöchel über ihre anschwellende Klit und grinste, weil Hannah jetzt stöhnte. »… und mich mit voller Absicht heißgemacht hast …«, fuhr er fort, während seine Hand flach über ihre Schamlippen rieb. Sie schnappte nach Luft. »Gibst du das zu, du geiles Stück?« Er beugte sich vor und knabberte an ihren Nippeln.

»Was, wenn nicht?«, keuchte Hannah heiser. Seine Finger arbeiteten an ihrer Spalte und er ließ langsam einen in sie gleiten. Sie wimmerte.

»Tja«, meinte er lang gedehnt, »wenn du das nicht zugibst, was mache ich dann mit dir? Ich muss dich auf jeden Fall bestrafen, das siehst du doch ein, oder?«

Hannah hatte die Beine so weit wie möglich gespreizt, damit er sie wichsen konnte. Seine Finger glitten über ihre nasse Kirsche und verursachten einen Schwindel in ihrem Kopf.

»Bestrafen?« Sie warf den Kopf zurück und schloss die Augen. Was er da unten mit ihr veranstaltete, war besser, als sie sich vorgestellt hatte. »Wie bestrafen?«

Benji starrte auf ihre Brustwarzen, die sich ihm entgegenreckten, dann zwischen ihre Beine. Ihre Möse lag offen und rosa glänzend vor ihm, nahm seinen Finger gierig in sich auf und benetzte ihn mit ihrem Saft. Dass sie keine Unterwäsche trug, hatte ihn überrascht. Leise flüsterte er: »Indem ich dich so lange bearbeite, bis du mich anflehst, dass du kommen darfst.«

Befriedigt hörte er ihr Stöhnen. Sie war so nass, ihre Schamlippen derart geschwollen, dass er nur mit Mühe an sich halten konnte, um nicht sofort in sie einzudringen. Er küsste ihre Lippen und ihre Brüste, während seine Hand zwischen ihren Beinen spielte. Geschickt strich er über ihre glatte Haut, umfuhr mit einem Finger ihre Perle und ließ ihn immer wieder in sie hineinschlüpfen.

Hannah verdrehte die Augen vor Lust, sie keuchte immer lauter und begann, kleine spitze Schreie von sich zu geben. Wenn dieser geile Typ so weitermachte, würde sie innerhalb der nächsten Minute explodieren, dachte sie.

Doch Benji hatte Erfahrung und wusste, wann es Zeit war, innezuhalten. Er lauschte auf ihr Wimmern und Seufzen, bis er den Eindruck hatte, ihr eine Pause gönnen zu müssen. Lächelnd nahm er seine Hand von ihrer Klit.

»Nein, nicht aufhören, bitte nicht!«, flehte sie ihn verzweifelt an.

Doch er beruhigte sie: »Es geht gleich weiter, Süße …«

Sie packte seine Rute, die pochend und sehnsüchtig hochstand. Ihre Hand rieb ihn geschickt, fuhr an seinem Schaft entlang bis hinunter zu seinen Hoden, die sie zart massierte. Benji keuchte. Ihr Zeigefinger und Daumen bildeten jetzt einen Ring um seine Wurzel, den sie sanft bewegte und dabei Druck ausübte. Hannah wollte sich zu gern auf diesen gierigen harten Schwanz spießen, doch sie genoss es auch, ihn genauso aufzugeilen, wie er es zuvor bei ihr getan hatte.

Als Benji begann, seine Hüften zu bewegen und stöhnend in den von ihren Fingern gebildeten Ring zu ficken, ließ sie von ihm ab und grinste. »Wie du mir, so ich dir«, meinte sie lächelnd.

»So? Na warte …« Mit lustverzerrtem Gesicht und funkelnden Augen warf er sie auf den Rücken. Sie quietschte auf und kicherte, vor allem, weil seine kleinen gezielten Küsse auf ihrer Haut sie kitzelten. Doch als er sich über ihre Brüste hermachte, begann sie zu seufzen und reckte sie ihm entgegen. Seine Zunge fuhr langsam über ihre Haut, umkreiste ihre Brustwarzen, dann schlossen sich seine Lippen darum und Hannah spürte, wie er an ihnen saugte.

»Oooooh …«, stöhnte sie und versuchte, erneut mit der Hand an seine Rute zu kommen, doch er wich ihr lächelnd aus. Seine Zunge wanderte weiter über ihren Bauch, seine Lippen streiften ihre heiße Haut, und atemlos spürte sie, wie er ihren Bauchnabel umrundete. Dann verlagerte er sich, bis er zwischen ihren Beinen kniete, wo er sich grinsend niederließ. Er ließ sich Zeit und Hannah verging fast vor Sehnsucht.

»Bitte, komm endlich zu mir«, flehte sie ihn an. Sie wollte seinen harten Prügel in sich spüren, wollte ihm schamlos ihr Becken entgegenrecken wie eine rollige Katze. Wollte sich ihm entgegenwerfen, während er in ihr war und sie vögelte.

Aber Benji reagierte nur mit einem kleinen Grinsen auf ihr Flehen und antwortete nicht. Sorgfältig klappte er ihren kurzen

Rock nach oben, bis er wie ein Kranz um ihre Hüften herum drapiert war. Ihre Möse lag nun offen vor ihm – geschwollen, rosa, glänzend vor Lust und Saft. Er sog ihren Duft tief ein, bevor er sich genüsslich niederließ.

Hannah spürte seine Zungenspitze, wie sie zart die Haut ihrer Schamlippen berührte. Ihr wurde schwindelig vor Lust und Gier, sie breitete ihre Schenkel noch weiter aus, begierig darauf, jede noch so kleinste Berührung von ihm zu spüren. Sein Atem strich über ihre Feuchtigkeit und sie wimmerte. Seine Zunge kreiste um ihre Möse, neckte sanft ihren Kitzler und schob sich dann in sie hinein. Seine Lippen schienen sich an ihr festzusaugen.

Hannah hätte am liebsten laut geschrien, doch sie schaffte es, sich stattdessen in den Unterarm zu beißen. Diese Lust, die ihr Becken schwer machte, alles Blut dort versammelte und sie immer weiter trieb! Ihre Haut brannte, ihre Schamlippen pochten und schmiegten sich an Benjis Mund, der sie mit kleinen, schnellen Zungenschlägen bedachte. Hannah konnte sich nicht erinnern, so etwas schon einmal erlebt zu haben. Der Typ war richtig geil, fand sie, er schien zu wissen, was Frauen wollten. Wimmernd und stöhnend warf sie ihren Kopf hin und her.

Benji freute sich über die Laute, die Hannah lustvoll von sich gab. Ihre Schamlippen lagen ausgebreitet vor ihm – wie eine Frucht, die er nur zu pflücken brauchte. Er kostete immer wieder davon und leckte genüsslich ihre Nässe weg. Er ließ seine Zungenspitze langsam um sie kreisen, bevor er seine Lippen um sie schloss und sie in den Mund saugte.

Hannah begann zu jauchzen und zu kreischen. Benji ermahnte sie lächelnd, leiser zu sein, doch sie starrte ihn mit glasigen Augen an und wimmerte. »Bitte«, wiederholte sie, »bitte! Du musst es mir endlich besorgen! Ich halte das nicht mehr aus!«

»Ah! Genau das habe ich dir prophezeit, erinnerst du dich?«

Sie nickte, ihr Gesicht war vor Lust verzerrt, sie atmete

stoßweise. Ihre Möse brannte vor Gier, es schien ihr unerträglich zu sein. Sie wusste nicht, wohin mit ihrer Erregung.

»Du willst kommen?«

Sie nickte.

»Willst mich spüren?« Er sprach immer leiser, sah ihr tief in die Augen.

Wieder ein Nicken.

»Willst richtig rangenommen werden?« Langsam schob er sich auf sie.

»Ja! Jetzt! Komm endlich!« Sie zog ihn etwas höher, bis sie seine Rute spürte. Geschickt fasste sie nach unten, brachte ihn in die richtige Position und hob ihr Becken etwas an.

Benji rieb noch ein paarmal mit seinem Schaft über ihre Kirsche und sie versuchte, ihn mit ihrer Muschi einzufangen. Er neckte sie grinsend, doch er hielt es selbst fast nicht mehr aus. Ihre Geilheit war zu ansteckend. Seine Spitze drang in sie, langsam und heiß.

Hannah hob ihre Beine und schlang sie um seine Hüften. Seinem ersten Stoß begegnete sie mit einem Seufzen. *Endlich*, dachte sie. Alles in ihr brannte, sehnte sich danach, sich endlich aufzulösen in Geilheit und Lust. Benji stützte seine muskulösen Arme rechts und links von ihr ab, war direkt über ihr, keuchend und stöhnend, während er in sie eindrang. Sie konnte ihm direkt in die Augen sehen – seine Pupillen waren geweitet, die Augen weit geöffnet und genauso glasig vor Erregung wie ihre. Er füllte sie aus, rieb seinen harten Stab in ihr, massierte sie damit. Ihre Körper bewegten sich im Einklang miteinander.

Als Benji sich langsam an ihre enge, heiße Spalte gewöhnt hatte, ließ er sich auf die Ellbogen nieder. Sie küssten sich, bewegten ihre Lippen, spielten mit ihren Zungen. Während Hannah ihm ihr Becken entgegenreckte, ihm Widerstand gab und in seinen Mund stöhnte, stieß Benji in sie – zunächst langsam und genussvoll, doch dann zog er das Tempo an. Bei jedem Eintauchen in ihre nasse Grotte traf er auf ihre Kirsche, verursachte kleine Explosionen in Hannah, brachte sie zum Beben und Zittern. Sie konnte fühlen, wie ihr Höhepunkt in einer gewaltigen Welle heranrauschte, auf jeden Stoß von Benji wartete, atemlos und gierig. Und je schneller er in sie hineinstieß, desto lauter wurde sie, stöhnend, jauchzend und mit angespannten Muskeln – wie ein Tier, das zum Sprung ansetzt.

Als sie vom Gipfel der Lust sprang, tat sie es mit einem Schrei und weit aufgerissenen Augen. Ihre innersten Muskeln massierten Benjis Stab, schienen ihn zu melken, und sie hatte das Gefühl, dass ihre Klit noch immer zuckte. Kurz nach ihrer Explosion spürte sie den heißen Strahl seines Samens in sich.

Benji knurrte, presste sich fest an sie, bis er sich keuchend auf sie sinken ließ. Er küsste ihren Hals und ihren Mund. »Das könnte ich den ganzen Tag lang mit dir machen«, seufzte er.

»Gern!« Sie grinste. »Und vorher immer ein Picknick?«

»Du bist mein Picknick!«, sagte er lächelnd.

Beim Gedanken daran, wie er sie geleckt hatte, wurde ihr erneut heiß.

# Ekstase im Zelt

Es war Juli, ein brütend heißer Monat in diesem Jahr. Colin und Lucy wischten sich den Schweiß von der Stirn und schulterten ihr Gepäck. Sie wollten in Frankreich Urlaub machen und waren auf dem Weg zu einem kleinen, von Touristen hoffentlich nicht überlaufenen Ort an der Küste.

Vor knapp einem Jahr hatten sie sich während eines Praktikums in einem Outdoorladen kennengelernt. Colin konnte sich noch gut an die Situation erinnern, als er Lucy das erste Mal gesehen hatte. Sie stand an der Kasse und fragte nach dem Geschäftsführer, erklärte, dass sie gern ein Praktikum machen wolle. Colin hatte selten ein Mädchen gesehen, das so durchtrainiert und sportlich war. Doch da stand sie: brünett, grüne Augen, schmales Gesicht, sportliche Figur und völlig natürlich samt ihren Sommersprossen und dem einnehmenden Lachen.

»Eigentlich nehmen wir nicht zwei Praktikanten gleichzeitig«, hatte Sonja, die Kassiererin, abgewiegelt. »Aber ich frage mal nach.«

Tom, der Geschäftsführer, hatte nur einen Blick auf Lucy geworfen, sie freundlich angelächelt und zu Sonja gesagt: »Klar kann sie hier ein Praktikum machen.« Zu Lucy meinte er: »Wann willst du anfangen?« Es war bekannt, dass er die jungen Praktikantinnen gern anbaggerte, vor allem, wenn sie so hübsch waren wie Lucy.

Am nächsten Tag war sie da, räumte mit Colin zusammen

das Lager auf, zeichnete neue Artikel mit den richtigen Preisen aus, sortierte die Angebote, putzte Regale und staubsaugte den Teppich. Sie war fast immer fröhlich und verbreitete gute Laune, widerstand geschickt Toms Annäherungsversuchen und verstand sich so gut mit Colin, dass er glücklicherweise nur wenig Mühe hatte, ihr Herz zu erobern. Trotzdem dauerte es lange, bis sie Sex hatten, was dem Umstand geschuldet war, dass sie beide trotz ihres Alters von zweiundzwanzig und vierundzwanzig Jahren noch bei ihren Eltern wohnten, die andersgeschlechtlichen Besuch mit Argusaugen beobachteten. Erst, als Lucys Eltern sich für eine Woche in den Urlaub verabschiedeten, gelang es ihnen, sich gegenseitig zu erforschen und in den Wahnsinn zu treiben. In dieser Woche kamen sie ziemlich unausgeschlafen in den Laden, was ihnen argwöhnische Blicke der Kollegen einbrachte, um die sie sich jedoch nicht kümmerten. Mittlerweile waren sie beide als regelmäßige Aushilfen eingestellt worden.

Als sie verkündeten, dass sie im Urlaub in Frankreich zelten wollten, boten sie als Anreiz für die Geschäftsführung an, das Angenehme mit dem Nützlichen zu verbinden – mit dem Hintergedanken, dass sie auf diese Weise zum einen um einiges günstiger an das erforderliche Equipment kommen könnten, und zum anderen, dass sie gleichzeitig Urlaub bekamen. Es funktionierte. Tom nahm ihr Angebot etwas zähneknirschend an und stellte ihnen Zelt, leichte Schlafsäcke und sonstiges Zubehör zum Bruchteil des Einkaufspreises zur Verfügung. Im Gegenzug war es ihre Aufgabe, die neue Ware auf ihre Tauglichkeit hin zu prüfen, um sie den Kunden dann entsprechend empfehlen zu können.

Im Juli dann war es endlich soweit. Sie hatten das Gepäck unter sich aufgeteilt, wobei Colin darauf achtete, dass er das meiste übernahm. Beide freuten sich unbändig auf die zwei

Wochen, die sie miteinander verbringen würden. Ihr Reiseplan sah vor, dass sie fast die ganze Strecke von Frankfurt aus mit dem Zug fahren würden. Zunächst nach Paris, von dort aus dann über Poitiers nach La Rochelle. Sie würden über Nacht fahren, damit sie in La Rochelle gleich mit dem Bus weiterfahren könnten. Ihr Ziel war Yves, eine kleine Ortschaft etwa 25 km südlich davon, direkt an der Küste gelegen, mit Einkaufsmöglichkeiten und genügend unbewohnter Fläche drumherum, wo sie zelten konnten.

»Wenn ich mir vorstelle, dass wir nachts dann das Rauschen des Meeres hören werden …«, sagte Lucy verträumt lächelnd und sah aus dem Zugfenster.

»… und uns bei diesem Rauschen lieben werden …«, erwiderte Colin grinsend und beobachtete seine Freundin.

Sie warf ihm lachend einen Blick zu. »Du Lüstling!«, neckte sie ihn.

»Ja«, gab er offen zu. Wenn er an die wenigen Male dachte, in denen sie sich exzessiv geliebt hatten, wurde er geil. Und er hatte den Eindruck, dass es Lucy ebenfalls gefallen hatte, jedenfalls hatte sie es gesagt, nachdem sie zum Höhepunkt gekommen war.

Trotzdem musste er sich gedulden, bis sie an ihrem Ziel angekommen waren – was die Vorfreude nur hinauszögerte. Er beugte sich vor und küsste Lucy.

Sie überlegten, ob sie sich am Bahnhof von La Rochelle mit ein wenig Proviant versorgen sollten, bevor der Bus in den Süden abfuhr.

»Wir kommen relativ spät an. Ob dann noch ein Laden geöffnet hat?«, zweifelte Lucy.

»Andererseits haben wir schon genug Gepäck …« Colin warf einen Blick auf ihre riesigen Rucksäcke. »Lass uns einfach eine Tüte voll Lebensmittel kaufen, damit es bis zum Frühstück am nächsten Tag reicht«, schlug er dann vor. »Wir können dann vormittags mehr besorgen, vor allem, weil wir dann auch das Zelt aufgebaut und uns etwas eingerichtet haben.«

»Du hast recht«, stimmte Lucy zu.

Genau das liebte Colin an ihr: Sie war unkompliziert und praktisch veranlagt. Bisher hatten sie kaum eine Meinungsverschiedenheit gehabt. Es war, als würden zwei Puzzleteile perfekt ineinanderpassen. Was ihn wieder auf den Gedanken an Sex brachte, doch den schob er schmunzelnd beiseite. Vorerst.

In La Rochelle hatten sie eine Stunde Zeit, bis der Bus abfuhr, und sie nutzten die Gelegenheit, um in einem Discounter etwas Obst, Wasser, Brot, Käse und Marmelade zu besorgen. Instant-Kaffee und Milch mussten auch noch in die Tüte, dann zahlten sie und beeilten sich, zum Busbahnhof zu kommen. Der Bus stand bereits da, sie zeigten ihre Tickets und stiegen ein. In etwa einer Stunde wären sie so gut wie am Ziel, und als sie von den Busfenstern aus während der Fahrt den Atlantischen Ozean erblickten, quetschte Lucy Colins Hand vor Freude so fest, dass er über ihre Kraft staunte.

»Das Erste, was ich gleich morgen früh machen werde, ist, ins Meer zu hüpfen«, verkündete sie mit leuchtenden Augen.

»Okay, danach bist du mit Sicherheit wach«, schmunzelte Colin. »Es soll nicht besonders warm sein.«

»Egal. Wenn es dort genauso heiß ist wie in Frankfurt, dann wird ein Sprung ins Wasser genau das Richtige sein.«

Es war genauso heiß. Der Bus war in einer großen Schleife von der Autobahn abgefahren und hatte am örtlichen Busbahnhof gehalten. Sie waren aus dem klimatisierten Gefährt ausgestiegen und von der Hitze fast erschlagen worden. Ihr Gepäck war immer noch schwer, doch sie hatten es bald geschafft. Sie mussten nur ein Stück zurückgehen, durch die Unterführung durch, um auf die andere Seite der Autobahn zu gelangen. Dann ein paar Schritte nach Norden und links abbiegen, weil sie sich nicht trauten, über das Feld abzukürzen.

Sie gingen auf ein großes Gebäude zu, doch davon würden sie sich fernhalten, weil sie ungestört sein wollten. Ein paar kreischende Möwen und das Rauschen des Meeres konnten sie hören, lange, bevor sie es sahen. Südlich des Gebäudes befand sich eine Wiese mit Gestrüpp und kleineren Bäumen, die sie als ihr neues Zuhause in Anspruch nehmen wollten.

Es dämmerte bereits, als sie begannen, das Zelt aufzubauen. Es war gewichtsmäßig superleicht, daher waren die Heringe, die es im Boden verankern sollten, besonders wichtig.

»Ein Glück, dass die Sachen so leicht zu tragen waren«, meinte Colin, während er die Pfähle in den Boden bohrte. »Sonst wären wir vermutlich nicht so weit gekommen.«

Lucy half ihm, die Stangen ineinanderzustecken, dann rollten sie eine leichte Isomatte im Innern des Zeltes aus und legten ihre Schlafsäcke hinein. Außerdem stellten sie den winzigen Campingkocher bereit sowie den Proviant, den sie am Bahnhof in La Rochelle besorgt hatten. Sie würden zuerst noch ein wenig am Strand spazieren gehen, bevor sie etwas essen und sich schlafen legen wollten.

Bis zum Strand waren es nur wenige Meter, doch das Wasser war ziemlich weit weg, wie Lucy fand.

»Da muss ich ja erst eine Wanderung machen, bevor ich morgen da reinhüpfen kann!«, stellte sie kritisch fest. Sie hatten sich leichte Jacken um die Hüften geschlungen, die sie jedoch nicht benötigten. Selbst der Wind, der vom Meer her blies, war warm. Zum Glück würde es zur Nacht ein wenig abkühlen. Sie hatten ihre Sandalen ausgezogen und trugen sie in der Hand, während sie über den Sand stapften.

»Hast du eigentlich einen Bikini dabei?«, fragte Colin. Sie

drehte sich grinsend zu ihm um.

»Tja … das möchtest du gern wissen, was?« Sie quietschte kichernd auf, als er lachend auf sie zurannte, und lief weg, geradewegs über den Sand auf das Meer zu. Colin verfolgte sie, um sie durchzukitzeln, was ihm jedoch erst gelang, als sie stolperte und in den Sand fiel. Lachend drehte sie sich um, als er sich auf sie warf. Sie wand sich in seinen Armen und schnappte kichernd nach Luft, weil sie furchtbar kitzlig war. Dann entwaffnete sie Colin, indem sie einfach ihre Arme um ihn schlang und ihn küsste. Ihre weichen, warmen Lippen riefen in ihm den Wunsch hervor, es hier am Strand mit ihr zu treiben, doch er musste befürchten, dass sie von dem großen Gebäude aus, das so nah lag, beobachtet werden konnten. Er küsste Lucy, indem er sanft über ihre Lippen leckte, und als sie sie öffnete, erkundete er mit seiner Zunge ihren Mund. So würde er es auch in der Nacht machen, nahm er sich vor, und noch viel mehr. Die Vorfreude ließ seine Rute anschwellen, was nicht unbemerkt blieb.

Lucy lächelte unter seinen Küssen. »Mmmm, da ist aber jemand ganz besonders gierig«, stellte sie fest.

»Aber so was von«, flüsterte Colin. Seine Hand schob sich auf ihren Busen.

»Nur schade, dass es noch zu hell ist«, bedauerte sie. »Und zu sandig«, fügte sie hinzu.

»Leider.« Colin stand widerstrebend auf und reichte Lucy die Hand, um ihr aufzuhelfen. »Lass uns noch ein wenig spazieren gehen, hm? Dann ist es sicher dunkel.« Er lächelte.

Sie umarmten sich und gingen, die Arme umeinander geschlungen, weiter den Strand entlang. Als sie am Wasser ankamen, ließen sie die Schuhe liegen und wateten knietief hinein, ließen ihre Beine vom Salzwasser umspülen und beobachteten den Sonnenuntergang. Der Himmel wurde dunkel, die letzten

Sonnenstrahlen warfen ein rotes Licht an den Horizont. Dann war es so dunkel, dass sie kaum ihre Sandalen wiederfanden, als sie lachend danach suchten. Um ihr Zelt wiederzufinden, hielten sie auf das Licht von dem großen Gebäude zu, zogen auf dem Asphalt ihre Schuhe an und stapften zu ihrer Unterkunft.

»Das nächste Mal nehmen wir besser Taschenlampen mit«, meinte Colin, während Lucy die kleine Lampe aus dem Gepäck zog und anknipste. Sie wurde durch einen Sonnenkollektor aufgeladen. Lucy hatte darauf geachtet, sie vor ihrer Abreise noch in die Sonne zu legen. Jetzt warf sie einen hellen Schein durch das Zelt. Sie nahmen Proviant mit nach draußen, ließen das Licht brennen, schlossen das Moskitonetz am Eingang und setzten sich ins Gras. Durch den dünnen Stoff des Zeltes hatten sie genügend Licht, um sich gegenseitig erkennen zu können, ohne die Sicht auf die nacheinander aufblinkenden Sterne am schwarzen, wolkenlosen Himmel zu trüben. Nach dem Spaziergang schmeckten das Brot und der Käse fantastisch, wie sie sich gegenseitig versicherten.

»Du hast da was«, meinte Colin lächelnd. Dann beugte er sich zu Lucy hinüber und küsste den Brotkrümel von ihrem Mundwinkel. Sie wandte leicht den Kopf und er landete auf ihren Lippen. Ihr Kuss war verlangend, fordernd und unmissverständlich. *Jetzt!*, dachte Colin. Er ließ den Rest seines Brotes zur Seite gleiten und umfasste ihre Brust. Lucy stöhnte leise auf. Er spürte ihre Hand in seinem Schritt, der sich eindeutig wölbte.

Langsam rieb sie über die wachsende Schwellung, dann flüsterte sie: »Lust auf mehr?« Er hörte das Lächeln in ihrer Stimme.

Anstatt zu antworten, rieb er mit dem Daumen über ihren harten Nippel und küsste ihren Hals. Sie kicherte leise.

Das Zelt stand mit der Front zur Wiese hin, wodurch sie

weder von der Straße noch vom Gebäude dahinter gesehen werden konnten. Die Nacht war warm, nur ein leichter Wind strich vom Meer her über das Land. Colin begann, seine Freundin langsam und zielstrebig auszuziehen.

Die Idee mit dem gemeinsamen Urlaub war Colin im Winter gekommen, wobei Lucy ihn schmunzelnd verdächtigte, dass dies auch dem Umstand geschuldet war, dass sie kaum Rückzugsmöglichkeiten für ihre sexuellen Aktivitäten hatten. Doch die wenigen Male, in denen sie gevögelt hatten, waren fantastisch gewesen! Sie lag oft wach in ihrem Bett, dachte an Colin und seine Hände, die ihren Körper streichelten, seine heißen Küsse und seinen unglaublich harten Schwanz, der sie jedes Mal in schwindelnde Höhen ihrer Lust gestoßen hatte. Sie schaffte es kaum, dann nicht Hand an sich zu legen und ihre sexuelle Spannung wegzuwichsen. Doch es reichte nur für den Moment. Am nächsten Abend versuchte sie, die geilen Gedanken an Colin zu vermeiden, doch auch das gelang ihr nicht. Und gerade weil es so schwierig für sie beide war, die Hände voneinander zu lassen, hatten sie sich auch schon mal ein Zimmer in einem Hotel genommen. Ihren Eltern gegenüber hatten sie behauptet, bei einem Freund beziehungsweise einer Freundin zu übernachten, und hatten sich die ganze Nacht über geliebt.

Was Colin mit ihr anstellte, ließ Lucy nur noch gieriger zurück. Deshalb hatte sie sehnsüchtig auf diesen Urlaub mit Colin gewartet, hatte Tage vorher bereits ihre Sachen gepackt. Da sie volljährig war, konnten ihre Eltern ihr in diesem Punkt nichts mehr vorschreiben, genauso wenig, wie Colins Eltern ihrem Sohn irgendwelche Vorschriften machen durften. Sie liebte ihre Eltern und verstand, dass sie in ihrem eigenen Haus bestimmen durften, wer sich wann darin aufhielt und sich Gedanken darüber machten, ob sie heil – und möglichst nicht schwanger – wieder zurückkehrte. Doch mit wem sie Umgang hatte und in wen sie verliebt war, das war ihre Sache.

Die Kosten für die Tickets und das Equipment hatten Colin und sie gerecht aufgeteilt, obwohl er darauf bestehen wollte, den größten Teil zu übernehmen. Aber das hätte sie ungerecht gefunden, also blieb sie beharrlich und tröstete ihn damit, dass er sie dafür gern mal zum Essen ausführen dürfe.

Nun waren sie am Ziel, saßen nebeneinander vor dem lichtschimmernden Zelt. Sie wusste, dass Colin den ganzen Tag auf diesen Augenblick gewartet hatte, genauso wie sie. Seine Küsse wurden immer drängender, seine Hand hatte sich um ihre Brust gelegt und sein Daumen reizte ihre Brustwarze, was sie zum Stöhnen brachte. Die Lust flammte auf, überschwemmte ihren Körper und Lucy rieb mit ihrer Hand über die Beule in Colins Hose. Als er begann, sie auszuziehen, zitterte sie fast vor Verlangen, doch sie wusste auch, dass dieses Begehren umso schöner war, wenn sie es langsam genossen.

Sie lagen nebeneinander im trockenen Gras und küssten sich, während Colin ihr das Oberteil über den Kopf streifte und sie ihm half, seine Hose auszuziehen. Gierig griff sie nach seiner steifen Rute, die bereits halb aus der Unterhose hing. Sie umfasste sie, verrieb die winzigen Tropfen, die aus dem kleinen Loch an der Spitze hervorquollen, und ließ ihre Hand langsam daran auf und ab gleiten.

Colin keuchte leise. Ihre Hand war warm und sanft, sie übte genau den richtigen Druck aus, nicht zu leicht und nicht zu fest. Lucy küsste seinen Mund, dann schob sie ihn sanft von sich, damit er sich auf den Rücken legte. Ihr Haar kitzelte seine Brust, als sie sich über ihn beugte und mit ihrer Zunge um seine Brustwarzen kreiste.

Er kicherte. »Das kitzelt!«

»Was? Das hier?« Sie grinste und fasste ihn etwas nachdrücklicher an seinem Schwanz.

»Nein, deine Zunge …« Wieder lachte er auf, weil sie nun mit ihrer Zunge in Richtung seines Bauchnabels leckte.

»Ach, du bist kitzlig?«, fragte sie grinsend und fuhr fort, ihn zu necken. Dabei hörte sie nicht auf, ihn langsam zu wichsen, was ihm mit der Zeit Atemnot bescherte, weil es einfach nur geil war. Und als ihre Lippen sich seinem Schwanz näherten, hielt er die Luft an und riss die Augen auf. Im schummrigen Licht des Zeltes konnte er ihr Gesicht erkennen, sah ihre Lust und ihr Begehren, was ihn nur noch geiler machte. Er begann zu keuchen, weil ihre Zunge sich um seine Eichel schlang und die zarte Haut reizte. Ihre Lippen umschlossen ihn, stülpten sich gierig über seine Spitze und er spürte, wie sie an ihm zu saugen begann. Er schloss die Augen, gab sich ganz diesem Gefühl hin. Ihre Hand streichelte seine Eier, zog sanft an ihnen, massierte sie. *Wenn sie so weitermacht*, dachte er, *dann bin ich gleich so weit.*

Aber Lucy schien zu spüren, wie es um ihn stand, denn sie ließ in den nächsten Sekunden von ihm ab und lächelte ihn an, rutschte ein wenig nach oben und küsste seine Lippen, sodass er sich selbst schmecken konnte.

»Eigentlich ist das ungerecht«, sagte er.

»Was?«

»Ich bin komplett nackt, und du?« Er zerrte an ihrer kurzen Hose und zog sie aus.

Nun lag Lucy auf dem Rücken, betrachtete die blinkenden Sterne über ihnen und spürte die Wärme der Nacht und den sanften Wind. Zwischen dem Rauschen der Wellen war das Zirpen der Grillen zu hören. *Das hier ist zeitlos*, dachte Lucy glücklich. Seine Hand glitt an ihrem Bein hinauf bis zur Innenseite ihrer Schenkel, die sie willig öffnete. Vorsichtig tasteten seine Finger nach ihrer Spalte, während er sich neben sie legte, und Lucy konnte sehen, wie er amüsiert eine Braue hob, weil sie so nass war.

Sie grinste zurück und sagte gespielt ernsthaft: »Du bist schuld!«

»In diesem Fall nehme ich die Schuld gern auf mich«, erwiderte er ebenso ernsthaft. Seine Finger strichen geschickt um ihre Schamlippen herum und verursachten ein heißes Kribbeln. Lucy hob ihr Becken seiner Hand entgegen und küsste ihn verlangend. Ihre Zunge spielte in seinem Mund und ihre Lippen saugten an seiner Zunge, bis er ihre Klit gefunden hatte. Sie quittierte seine Entdeckung mit einem tiefen Stöhnen und ließ ihr Becken auf seiner Hand kreisen. Sie war jetzt so nass, dass sie glaubte, man müsste in ihrer Höhle baden können. Colin umfasste ihre Scham mit seiner Handfläche und rieb gezielt über ihre Spalte, ließ bei jeder Abwärtsbewegung einen Finger in sie gleiten und geilte sich an Lucys Stöhnen und Keuchen auf. Sein Schwanz vibrierte vor Lust.

Als Lucy unruhig wurde, dachte er zunächst, es sei wegen ihrer Erregung. Doch dann sagte sie: »Ich fürchte, dieser Platz hier ist ungünstig, um Sex zu haben …« Sie richtete sich abrupt auf und strich sich ein paarmal über den Bauch. »Aaah! Die beißen!« Sie sprang auf und streifte irgendetwas von ihrer Haut ab, dann hüpfte sie ein paar Schritte von Colin fort.

»Was ist eigentlich los?«, fragte er amüsiert.

»Ameisen sind los«, jammerte sie und versuchte, im schummrigen Licht des Zeltes die letzten krabbelnden Tiere von ihrem Körper zu streifen.

»Oh!« Colin überkam ebenfalls ein Kribbeln, doch er konnte keine Ameise auf sich entdecken und vermutete, dass die Panik seiner Freundin einfach ansteckend war und deshalb dieses Gefühl verursachte. Lächelnd stand er auf und ging zu ihr. »Komm, lass mal sehen.«

Sie hielt still, quiekte nur erschrocken auf, als er mit spitzen

Lippen ihren Rücken küsste und mit einem Finger über ihren Hintern strich.

Er lachte auf. »In dem Licht kann ich nichts erkennen. Lass uns ins Zelt gehen, dann untersuche ich dich.«

Dankbar krabbelte sie ihm voran in das warme Licht hinein. Er folgte ihr schmunzelnd und wartete, bis sie sich auf den Bauch gelegt hatte. Seine Hand strich sanft über ihren Rücken, streifte ihr langes Haar über die Schulter, dann wanderte sie nach unten über ihren hübschen, kleinen Hintern und verweilte dort. Lucy hielt atemlos still. Sie spürte, dass er ihre Arschbacken massierte, dann streichelte er die Rückseite ihrer Oberschenkel und ihre Waden. An den Fußsohlen kitzelte er sie, was sie mit einem lachenden Aufschrei kommentierte.

»Okay, hier ist niemand!«, verkündete er. Sie drehte sich lächelnd um. Diesmal begann er sie von unten zu untersuchen. Er hob zunächst einen Fuß, begutachtete ihre Zehen, gab auf jeden einzelnen sowie auf ihre Fußsohle einen Kuss und stellte ihn wieder auf die Matte unter ihnen. Dann nahm er den zweiten Fuß und wiederholte seine »Behandlung«.

»Küsst du die Ameisen weg?«, fragte Lucy lachend.

Colin hob amüsiert eine Braue. »Nein, das ist die Markierung dafür, dass ich hier gewissenhaft nachgeschaut habe«, antwortete er ernsthaft. Er fuhr damit fort, ihre Schienbeine zu inspizieren, verpasste jedem Unterschenkel einen heißen Kuss und wanderte weiter zu ihren Oberschenkeln. Lucy hielt den Atem an. Colin streifte mit seinen Lippen über ihre Haut und sie spreizte ihre Beine ein wenig, damit er auch dort »nachsehen« konnte. Doch er beließ es dabei, sie dort mit der Hand zu streicheln, und glitt mit Augen und Lippen zu ihrem Bauchnabel. Seine Zunge schnellte hinein und umkreiste den Nabel. Lucy quietschte und spannte die Muskeln an. Colin liebte ihr Lachen, deshalb küsste er ihre empfindliche Haut am

Bauch überall, dabei wanderte er allmählich höher und nahm schmunzelnd wahr, dass Lucy vor Lachen nach Luft schnappte. Ihre schönen runden Brüste ragten vor ihm auf. Aufmerksam bedachte er jeden Quadratzentimeter ihrer Haut mit Küssen, hörte Lucys schweren Atem und schob sich halb über sie.

Sein Schwanz war nach der kurzen Eskapade mit den Ameisen kurz schwach geworden, doch seitdem er begonnen hatte, Lucy zu »untersuchen«, war er hart wie zuvor – was er sie spüren lassen wollte. Er rieb sich an ihrem Bein und sah ihre Augen aufblitzen. Doch es sollte zunächst nur ein kurzer Gruß sein – er hatte noch etwas anderes vor, bevor er sich offiziell bei ihr vorstellte.

Er glitt an ihrem Körper wieder nach unten und öffnete ihre Beine, um sich dazwischenzulegen. Nahm ihren Duft auf und untersuchte sanft ihre nass werdende Spalte, bevor er verkündete, dass auch hier nichts Ungewöhnliches zu sehen sei. Dabei grinste er. »Oder ist es ungewöhnlich, dass es hier so feucht ist?«, neckte er sie. Seine Zunge leckte durch ihre Spalte

Lucy stöhnte. »Absolut!«, keuchte sie. Sie spreizte ihre Schenkel noch weiter.

»Hm, woran kann das nur liegen?«, fragte er unschuldig und leckte sie erneut.

»Gerade das sollst du doch herausfinden«, sagte sie heiser und stöhnte, als er begann, ihre Klit mit seiner Zunge zu bearbeiten. Er ließ die Zungenspitze um die anschwellende Knospe kreisen, bis Lucy jauchzte. Mit breiter Zunge leckte er mehrmals darüber, bis sie seufzte und wimmerte. Und als er seine Lippen auf sie presste und an ihrer Kirsche saugte, stieß Lucy ihren ersten spitzen Schrei aus.

»Also, das klingt wirklich ernst«, konstatierte er und ging dazu über, ihre Klit mit einem Finger zu streicheln.

»Es ist ernst!«, keuchte Lucy. Alles an ihr schien zu brennen – ihre Haut, ihr Innerstes und vor allem ihre Möse. Sie prickelte, pochte, es zog in ihr und Lucy hatte das Gefühl, als würde ihr Mösensaft wie eine Quelle sprudeln, so geil und feucht war sie. Ihr Becken wurde immer schwerer, weil das ganze Blut aus ihrem Gehirn dorthin zu fließen schien, sodass sie unfähig war, noch einen vernünftigen Gedanken zu fassen. Aber das war in dieser Situation ja auch nicht nötig. Alles, was im Moment zählte, war ihre Lust, ihr Verlangen nacheinander, ihre Geilheit und die Befriedigung von alldem. Wobei in diesem Fall der Weg das Ziel zu sein schien, denn Colin bearbeitete sie so geschickt mit Mund und Händen, dass er ihre Erregung steigerte, die Befriedigung jedoch herauszögerte.

Lucy ließ ihr Becken auf seiner Zunge kreisen und Colin trank von ihr, so nass war sie. Er selbst hatte Mühe, sich zu beherrschen – zu gern hätte er jetzt seinen Stab in sie versenkt, doch er liebte es auch, wie unbeherrscht sie sich gab, wenn er sie leckte. Sie stöhnte und keuchte, warf den Kopf mit einem verzückten, geilen Gesichtsausdruck hin und her und krallte ihre Finger in die Unterlage. Sein Ziel war es, sie so weit zu bringen, dass sie beide gleichzeitig kämen. Also leckte er weiter, bis sie es nicht mehr auszuhalten schien und kurz vor der Explosion stand, was er ohne Probleme an ihrer immer höher werdenden Tonlage erkennen konnte.

Als Lucy wimmerte und ihn anflehte, zu ihr zu kommen und sie zu ficken, ließ er schmatzend von ihrer Spalte ab. Er rutschte höher, bis er ihre geschwollenen Brüste erreichte. Ihre dunklen Nippel stachen in die Luft und Lucy hatte vor Verlangen Tränen in den Augen.

»Wie hätte die Dame es denn gern?«, wisperte er lächelnd und lutschte an ihren Brustwarzen. Ihre Antwort war kaum verständlich, stattdessen hob sie ihre Hüften, um seine Rute einzufangen.

Als es ihr nicht gelang, wiederholte sie: »Egal – Hauptsache, du vögelst mich endlich!«

Colin schmunzelte. »Dreh dich um, meine Schöne«, flüsterte er, nun selbst gierig vor Begehren. Sie gehorchte, drehte sich unter seinem Körper auf den Bauch und reckte ihm ihre glatten Pobacken entgegen. Colin rutschte ein wenig zurück, bis er hinter ihr kniete. Ihre Beine waren jetzt zwischen seinen Knien und seine Hände streichelten ihren kleinen Hintern. Kneteten ihn, versetzten ihm kleine Klapse mit der flachen Hand. All das steigerte ihre Erregung noch mehr, sie wimmerte und flehte ihn an. Als er sie darum bat, ging sie auf alle viere und Colin hatte ihre rosa geschwollene Spalte vor sich, in der es verheißungsvoll vor Feuchtigkeit glänzte. Noch einmal fuhr er mit dem Finger zart zwischen ihre Schamlippen, dann setzte er seine Spitze an.

Ihre Hitze umfing ihn. Sie war eng und saftig und er glitt ohne Mühe hinein, sein Schwanz schien in ihrer Nässe zu baden. Colin packte ihre Hüften, zog sie noch näher an sich und als er ganz in ihr war, verharrte er einige Augenblicke, um sich an dieses erregende Gefühl zu gewöhnen. Lucy dagegen versuchte, ihn mit kleinen Bewegungen ihres Beckens zum Stoßen zu veranlassen. Sie war ungeduldig und wie von Sinnen vor Lust. Doch Colin hielt sie fest und verweigerte es ihr. Seine Hände streichelten ihre Haut und kneteten sie. Dann endlich begann er, in sie zu stoßen.

Lucy stöhnte auf. Colin füllte sie aus und massierte bei jedem Stoß ihre Möse. Sie spürte ihn so intensiv, dass sie einerseits das Gefühl hatte, innerhalb der nächsten Sekunden zu explodieren, andererseits war es fast schmerzhaft. *Schmerzhaft schön*, ging ihr durch den Kopf, während sie fühlte, wie Colins Hände ihre Haut streichelten. Sie gab ihm Widerstand, stemmte ihre Hände auf die Unterlage im Zelt, kam ihm gierig entgegen und keuchte mit weit offenem Mund. Ihr Höhepunkt war nicht mehr weit, es konnte sich nur noch um Sekunden, höchstens eine Minute handeln. Dabei wollte sie diese Lust und Geilheit gern so lang wie möglich auskosten! Einerseits war sie bestrebt, so schnell wie möglich am Ziel anzukommen, von ihrem Orgasmus überwältigt zu werden. Andererseits wollte sie den Weg dorthin verzögern, ihn genießen, bis kurz vor der Ohnmacht …

Es war fast ein Dilemma, doch Colin entschied für sie und machte eine Pause, in der er schwer atmend in ihr steckte und sich nicht rührte. Ihr Körper verlangte nach seiner Reibung, sie schob sich wie in Trance auf seinem Schwanz hin und her, nur noch von dem Willen beherrscht, endlich zu kommen.

Als Colin wieder in sie fickte, quittierte sie das mit einem spitzen Schrei. Er zog das Tempo an, wurde schneller, sein Schwanz pumpte in sie hinein wie ein Kolben, der allmählich heiß zu laufen drohte. Lucy verdrehte die Augen vor Lust. Sie spürte ihren Höhepunkt wie eine Welle herankommen und über sie schwappen. Sie schrie auf, ihre Möse zuckte unkontrolliert, sämtliche Muskeln in ihr spannten sich an, während Colin noch immer in sie stieß – keuchend und schnaubend – und dabei immer schneller wurde. Er spürte ihr Zittern und Beben, sie knickte in den Ellbogen ein, von ihrer Explosion überwältigt. Doch noch immer gab sie ihm Widerstand, indem sie sich auf ihre Arme stützte, und er fragte sich, ob sie noch einmal kommen würde, denn trotz seiner Erregung hatte er den Eindruck, noch lange durchhalten zu können. Seine Hüften bewegten sich automatisch – wie ein aufgezogener Mechanismus, der gar nicht anders konnte, als seinen Schwengel in diese heiße enge Muschi zu pumpen. Colin wusste nicht, ob er jemals so lange ausgehalten hatte.

»Jaaaa«, stöhnte Lucy. Ihre Lust baute sich wieder auf. Wie

auch nicht, wenn er noch immer in sie stieß. Sie merkte, dass ihre Schamlippen erneut anschwollen, genauso wie ihre Kirsche. Jeder seiner Stöße reizte auch ihre Klit, und sie schob sich ihm erneut entgegen, keuchend, mit weit geöffnetem Mund.

Er fickte in sie, immer lauter knurrend, dann krallten sich seine Finger in ihre Haut und sein letzter Stoß entlockte ihm ein tiefes Stöhnen. Lucy spürte seinen heißen Saft, der in sie hineinschoss und sie ausfüllte, bis Colins Zuckungen aufhörten und er auf ihrem Rücken zusammensank.

Sie beschloss, ihm nur eine kleine Pause zu gönnen. Er hatte sie wieder heißgemacht, und sie wartete unruhig darauf, dass er sich aus ihr zurückzog. Was er nach einer kleinen Weile auch tat, nur um erleichtert seufzend neben ihr auf die Matte zu sinken und sie anzulächeln.

»Das war Wahnsinn!« Sanft streichelte er ihren Arm, bis sie aufsah und ihm in die Augen blickte. Fragend hob er eine Augenbraue.

»Ja – und du darfst im Übrigen gleich noch mal deinen Mann stehen.« Sie küsste ihn verlangend.

»So? Aber mein kleiner Freund braucht eine Pause.« Er wies auf seinen Schoß.

»Tja«, sagte Lucy und kuschelte sich an ihn, »das ist jetzt nicht mein Problem. Du bist selbst schuld, wenn du mich so heißmachst …« Sie strich mit ihrer Zunge über seine Haut und forderte Colin auf, sich pflichtschuldig um sie zu kümmern.

*Ein Sexurlaub*, dachte Colin vergnügt, während er seine Hand zwischen Lucys Schenkel schob.

# KüchenSex – Glühende Körper auf kühlen Fliesen

Vera wischte sich den Schweiß von der Stirn, wo sie einen Schmutzfleck hinterließ. Sie war fertig mit dem Putzen, nun mussten sie nur noch gemeinsam das Bett aufbauen, dann hätten sie endlich einen Schlafplatz.

Sie und Robin waren mittlerweile seit einem Jahr ein Paar, hatten sich entschlossen, zusammenzubleiben und gemeinsam ein altes Bauernhaus in der Nähe von Osnabrück gekauft. Es musste renoviert werden: Die Fenster waren undicht, die Wände hatten teilweise ein Schimmelproblem.

*Ganz abgesehen von den hässlichen Tapeten*, dachte Vera und richtete sich auf. Das Zimmer, das sie gerade geputzt hatte, sollte ihr gemeinsames Schlafzimmer werden. Die anderen beiden Zimmer, die noch zu renovieren waren, würden sie als Wohnzimmer und vielleicht als Büro nutzen oder als Esszimmer, darüber waren sie sich bisher nicht einig geworden. Die große Küche bot genug Platz für einen Esstisch, der bereits drinstand. Auch die alten Geräte und rustikalen Möbel hatten sie übernommen. Die einzigen Veränderungen, die sie vorgenommen hatten, waren ein Durchbruch zum Garten hin, in den sie eine verglaste Tür eingesetzt hatten, sowie neue Tapeten. Vera mochte die alte Küche mit ihren dunklen geschnitzten Möbeln, dem kleinen Holzofen mit seinen Metallplatten, auf dem man zur Not auch kochen konnte, und dem Kachelboden – auch wenn dieser im Winter vermutlich ziemlich kalt sein würde. Aber was hinderte sie daran, dann einen Teppich draufzulegen?

»Das sieht doch ganz gut aus«, ertönte Robins Stimme von der Tür her. Er lächelte und sah sich zufrieden in dem hellen Raum um. Die Tapeten an den Wänden zierte ein kleines Blumenmuster, Vera hatte die neu eingebauten Fenster und den Boden geputzt.

»Ja, mir gefällt es auch. Wir können unser Bett aufbauen.« Sie drehte sich zu ihm um und gab ihm einen langen Kuss.

Er umarmte sie und presste sie an sich. »Mmmm, dann haben wir endlich Platz für was ganz anderes als Arbeit«, murmelte er.

»Oh ja, aber bis dahin müssen wir noch arbeiten«, lächelte sie und küsste ihn erneut. Sie freute sich schon auf das gemeinsame Bett, denn Robin war ein fantastischer Liebhaber – fantasievoll, aufmerksam ... Sie löste sich widerwillig von ihm und seufzte. »Wenn es nur nicht so heiß wäre ...«

Der Sommer war tatsächlich einer der heißesten seit Jahren. 38 bis 40 Grad waren seit Wochen keine Ausnahme. Ab und zu regnete es, worüber sich die Natur freute, ansonsten ächzte jeder unter der Hitze. Vera wollte nächstes Jahr einen Gemüsegarten vor der Küchentür anlegen, doch wenn es so heiß wäre, würde sie aus dem Gießen kaum rauskommen. Sie zog Robin an der Hand zu den an einer Wand lehnenden Teilen des Bettes, das sie aufbauen wollten.

Was ihr Freund, der mit seinen neunundzwanzig Jahren nur zwei Jahre älter war als sie, unter anderem so an ihr schätzte, war ihre praktische Art, die Dinge anzugehen. Außerdem fand er sie mit ihrer etwas molligen Figur und dem hübschen Gesicht richtig schön. Er liebte ihre blonden langen Haare, die sie entweder zu einem Pferdeschwanz zusammenfasste oder zu einem praktischen Knoten hochband. In romantischen

Momenten sagte er oft, er habe großes Glück, mit so einer hübschen Freundin zusammen zu sein.

Er selbst war nicht im üblichen Sinn ein auffällig attraktiver Mann. Sein Haaransatz ging zurück, er hatte einen kleinen Bauchansatz, seitdem sie für ihn kochte, und sein Rücken wies eine Verkrümmung auf, die nur dann verschwand, wenn er sich richtig streckte. Trotzdem gefiel er Vera mehr als andere Männer. Er hatte schöne Augen, ein männliches Kinn, sensible Lippen. Seine Hände waren lang und schmal, die Oberarme und Schultern muskulös. Und er liebte sie, was er ihr täglich mitteilte und zeigte.

Sie begannen, das Bettgestell zusammenzuschrauben, und ächzten beide unter der Hitze, doch als sie fertig waren und den Lattenrost auflegten, freuten sie sich. Nachdem sie auch die Matratzen an Ort und Stelle gebracht hatten, überlegten sie, ob sie eine Pause einlegen sollten. Oder ganz aufhören, weil es bereits später Nachmittag war.

»Ich bin für aufhören. Lieber duschen, essen und einen gemütlichen Abend verbringen«, stöhnte Vera.

»Gut, dann machen wir das, meine Süße.« Robin küsste sie, schmeckte ihren Schweiß und lächelte. »Beeil dich«, raunte er mit leuchtenden Augen.

Vera zog sich in der Dusche die verschwitzte Arbeitskleidung aus und drehte den Kaltwasserhahn auf. Die Abkühlung tat gut und weckte ihre Lebensgeister. Nach der Dusche würde sie einen leichten Salat mit etwas Käse anrichten, nahm sie sich vor, während sie sich unter dem Duschkopf wohlig streckte. Sie seifte sich ein, wusch sich die langen Haare, dann spülte sie alles ab und frottierte ihren Körper. Sie zog saubere Kleidung an und band sich ein Handtuch um den Kopf.

»Du bist dran!«, rief sie, während sie aus dem Bad kam und in die Küche ging. Sie genoss die Kühle, die aus dem Kühlschrank drang, als sie den Salat herausholte. Sie wusch ihn, rührte in einer Schüssel Salatsoße an und gab die abgetropften Blätter hinein. Auf ein Brett legte sie verschiedene Sorten Käse und ein paar Scheiben duftendes Bauernbrot. Nebenan hörte sie Robin duschen. Das Badezimmer war nicht das modernste, doch sie müssten es vorerst nicht renovieren. Wichtiger waren ihnen die Zimmer zum Schlafen, zum Wohnen und die Küche. Vera schmunzelte. Derzeit reichten ihnen Küche und Schlafzimmer, so oft, wie sie es miteinander trieben. Bisher hatten sie im Nebenzimmer auf Luftmatratzen kampiert. Wie schön würde es sein, endlich wieder in einem Bett zu schlafen!

Robin kam mit feuchten Haaren in die Küche, freute sich sichtlich über den liebevoll gedeckten Tisch und langte zu. In der Hitze, die selbst in dieser relativ kühlen Küche zu spüren war, lohnte es sich kaum, etwas zu kochen. Sie besprachen, was sie am nächsten Tag in welcher Reihenfolge machen wollten.

»Na ja, wir müssen noch unser zukünftiges Wohnzimmer ausräumen«, meinte Robin.

»Denkst du, wir brauchen dort auch neue Fenster?«

»Besser wäre es. Sonst fangen wir irgendwann wieder von vorn an.«

Vera seufzte. »Okay, würde es dann nicht reichen, die alten Sachen einfach in die Mitte des Raumes zu stellen und abzudecken? Dann könnten wir anfangen, die Fenster rauszuschlagen und neue einzusetzen. Wenn mal schlechteres Wetter ist, können wir den Krempel ganz wegräumen.«

Robin dachte nach. »Du hast recht. Es würde schneller gehen. Wie gut, dass du so praktisch veranlagt bist!« Er lächelte sie an. Seine Augen leuchteten hell und Vera spürte heißes Verlangen nach ihm aufkommen. Sie stand auf.

»Komm …« Sie streckte ihre Hand nach ihm aus und lächelte ihn an. Er folgte ihr sofort, holte sie an der Tür zum

Schlafzimmer ein und presste sie fordernd an sich. Seine Lippen streiften ihren Hals, er murmelte etwas und schob sie auf das wartende Bett. Ihre Kleidung hatte er sehr schnell von ihr abgestreift und sie wartete ungeduldig, bis auch er endlich nackt war. Dann legte er sich neben sie, seinen harten heißen Penis an ihrem Oberschenkel reibend.

Sie küssten sich, Robin streichelte ihren Bauch und umfasste ihre schweren Brüste, die bereits lustvoll geschwollen waren. Vera seufzte, ihre Möse prickelte und sie war sich sicher, dass sie bereits feucht war. Eigentlich konnte sie nie genug von diesem Mann bekommen, dachte sie und fasste nach seinem Schwanz. Sanft rieb sie ihn, dann richtete sie sich auf und nahm ihn zwischen ihre Lippen. Sie leckte die Tropfen von der Spitze und schlang ihre Zunge darum, hörte sein heiseres Stöhnen und grinste. Sie wusste, was er mochte. Ihr Mund begann, an ihm zu saugen, zwischendurch leckte sie seinen Schaft von oben bis unten ab, saugte wieder. Dann widmete sie sich seinen Hoden, die sie bereits zuvor mit einer Hand massiert hatte. Sie liebte es, diesen Mann willenlos zu machen, indem sie ihn so aufgeilte. Meistens holte sie sich dann das, was sie brauchte – entweder, indem sie sich auf ihn setzte und ihn wild ritt, oder indem sie sich auf den Rücken legte, die Beine spreizte und ihn anfeuerte, während er in sie stieß.

Robin stöhnte gierig, seine Hand fasste an ihren Hintern, den sie ihm hingestreckt hatte, und streichelte ihre Spalte. Sein Finger fuhr zwischen ihren Schamlippen hindurch und verteilte die Nässe, die reichlich floss. Vera knickte fast in den Knien ein, so geil war sie inzwischen. Seine Berührung fuhr wie ein Stromstoß durch ihren Körper. Ihre Zunge leckte und lutschte an ihm und massierte seinen Schaft.

*Wenn es doch nur nicht so heiß wäre!*, dachte sie zwischendurch. Trotz der kalten Dusche stand ihr der Schweiß wieder auf der Stirn und bedeckte ihre Haut. Doch sie ließ nicht von Robin ab, von dem sie wusste, dass er unglaublich lang durchhalten konnte. Ihre Hand streichelte wieder seine Eier, mit der anderen stützte sie sich auf der Matratze ab.

»Stopp!«, sagte Robin mit heiserer Stimme. »Sonst komme ich!« Seine Augen blickten verlangend.

Vera ließ lächelnd von ihm ab. »Na, das wollen wir ja nicht«, meinte sie grinsend.

»Nein, das wollen wir nicht.« Er warf sie auf den Rücken. Sie quietschte lachend. Er schob sich an ihrem Körper herunter, bedeckte ihre Brust, ihren Bauch und ihre Scham mit kleinen, spitzen Küssen und legte sich bequem zwischen ihre Beine, deren Innenseite er ebenfalls küsste. Vera hielt atemlos die Luft an. Sie wusste, was jetzt käme. Er hatte es schon ein paarmal gemacht und es war jedes Mal unglaublich gewesen.

Seine Zunge strich um ihre Spalte herum, bis sie glaubte, dort unten zu schmelzen. Ihre Finger krallten sich in die Matratze. Robin leckte ausgiebig ihre zarten, normalerweise gekräuselten Schamlippen, die jetzt jedoch geschwollen und weit auseinanderklaffend vor ihm lagen. Zwischen ihnen glitzerte ihre Nässe, in die er erst mit seiner Zunge eintauchte, als Vera zu beben begonnen hatte. Sie schnaubte, kiekste, jauchzte und stöhnte abwechselnd – eine musikalische Untermalung seiner Aktivitäten, wie er schmunzelnd feststellte, und Ausdruck ihres Vergnügens. Als er seine Lippen auf sie legte und seine Zungenspitze ihre Klit reizte, stieß Vera kleine spitze Schreie aus und hob ihm ihr Becken entgegen. Er saugte und trank von ihr, wechselte dies mit möglichst tiefen Stößen seiner Zunge ab und freute sich an den Geräuschen, die er damit hervorrief.

Als sie atemlos dalag und verlangte, er solle sie »jetzt sofort!« ficken, folgte er gehorsam ihrem Wunsch und richtete sich auf. Sein Schwanz sehnte sich sowieso schon danach, in ihre saftige Spalte zu tauchen. So besuchte er sie begeistert, stützte sich rechts und links von ihrem Kopf ab, sah ihr tief in die Augen und bewegte sich konzentriert in ihrer Grotte, die ihn sehr willkommen hieß. Sie schlang ihre Beine um ihn, zog ihn mit jedem Stoß tiefer in sich hinein und küsste ihn. Ihr Gesicht war leidenschaftlich verzerrt, sie roch nach einer Mischung aus Duschcreme und Schweiß und er fickte immer schneller in sie hinein, brachte ihre Sinne vor Lust zum Schwinden, war selbst nur noch auf die gemeinsame Geilheit und Erlösung fixiert. Er spürte seinen Orgasmus weit hinten, versuchte aber, noch länger auszuhalten. Als Vera ihre Augen verdrehte, immer lauter wurde und heftig unter ihm zu zucken begann, weil sie explodierte, lächelte er erleichtert. Erst jetzt erlaubte er sich, ebenfalls zu kommen, und ließ seinen heißen Samen stöhnend los.

Atemlos lagen sie aufeinander, ihre feuchte Haut klebte aneinander.

Vera kicherte. »Wir haben die Matratze gebührend eingeweiht, denke ich …«

Er küsste ihren Hals und leckte ihre Schweißtropfen auf. »Mmmhmmm«, stimmte er träge zu. Er mochte es, wenn ihre Haut glitschig war und er sich an ihr reiben konnte.

Lachend schubste sie ihn von sich runter. »Es ist bloß so verdammt heiß hier drin«, stellte sie fest. »Ich glaube, die neuen Fenster sind fast zu dicht.« Sie sah die Fenster, die innen aus Holz und außen aus Kunststoff gefertigt waren, kritisch an.

»Ist das das Einzige, was zu bemängeln ist?«, fragte er grinsend.

Sie lächelte zurück. »Och … wenn ich es recht bedenke, lass mich mal überlegen …«, neckte sie ihn und quietschte auf, als er sie zu kitzeln begann. Lachend gab sie zu, dass sie ansonsten nichts, aber auch gar nichts zu beanstanden habe, und ob er meine, dass sie noch einmal duschen müssten?

»Zum Abkühlen, ja – ich gehe zuerst!«, verkündete er und verschwand, während Vera aufstand, mehrere kühle Laken und Kissen aus dem Raum holte, in dem sie bisher geschlafen hatten, und das Bett bezog.

Nachdem auch sie in der Dusche gewesen war, legten sie sich wieder ins Bett, liebten sich noch einmal und schliefen auf dem schweißdurchtränkten Laken ein. Es war ein unruhiger Schlaf. Die Hitze machte ihnen zu schaffen, und obwohl sie in Schlafzimmer und Küche jeweils das Fenster geöffnet hatten, um Durchzug zu ermöglichen, verspürten sie kaum ein Lüftchen. Irgendwann nach Mitternacht schlief Vera ein und träumte von Sex mit Robin an Orten, die wesentlich kühler erschienen als der, an dem sie sich tatsächlich befanden. Morgens wachte sie verschwitzt auf und sah in Robins müde Augen, der auf der Seite lag und sie anlächelte.

»Gut geschlafen?«

»Nicht wirklich.« Vera gähnte und stand auf. Neben all der Arbeit im zukünftigen Wohnzimmer wollte sie heute auch die Küche putzen. Eine kurze Dusche machte sie wach, dann setzte sie Kaffee auf und taute Brötchen auf. Butter, Marmelade, Wurst und Käse, Milch, Teller und Besteck sowie zwei Tassen, dann war alles bereit. Robin kam aus dem Badezimmer und gesellte sich zu ihr.

Nachdem sie sich nochmals kurz besprochen hatten, meinte Robin: »Lass mich die Fenster da drüben raushauen, dann kannst du hier putzen und mir später beim Einbau helfen.«

»Okay.« Sie räumte nach dem Frühstück das schmutzige Geschirr weg, dann half sie Robin, die meisten Sachen ins

Schlafzimmer zu schleppen – einen Kleiderschrank würden sie nächste Woche besorgen – und schufen so den benötigten Platz, damit Robin mit dem Vorschlaghammer ausholen konnte. Die Fenster selbst hatten sie ausgehebelt, die wollte sie nächstes Jahr für ihre Frühbeete benutzen, und sie vorerst im angrenzenden Schuppen zwischengelagert.

Während Robin mit kräftigen Schlägen arbeitete, holte Vera Bodenwischtuch, Wasser und weitere Utensilien zum Putzen und machte sich daran, die Küchenfront, die Ablagen und Schränke abzuwaschen. Auch Tisch und Stühle wurden gründlich geputzt, dann war der Boden dran. Sie schrubbte und bürstete, vor allem in den Fugen, und freute sich über die zunehmende Helligkeit der Kacheln, die allmählich hübsch glänzend zum Vorschein kamen. Schnaufend wischte sie sich den Schweiß ab. Sie trug nur ein kurzes Top und Shorts, weil es wieder so heiß war. Die Fenster hatten sie geschlossen, damit keine Insekten hereinsummten. Dadurch konnte jedoch auch kein noch so kleines Lüftchen durch die Räume zirkulieren, wobei fraglich war, ob es das draußen überhaupt gab.

Als Vera endlich fertig war, betrachtete sie zufrieden ihr Werk. Der Boden war heller als vorher, er glänzte und die hübschen Fliesen kamen gut zur Geltung. Der ganze Raum duftete frisch nach Putzmittel. Sie warf die schmutzigen Lappen in einen Eimer und schüttete das dreckige Wasser weg. Dann ging sie zu Robin rüber.

Er hatte inzwischen die Fensterrahmen entfernt und spachtelte größere Risse sorgfältig aus.

Als er zurücktrat, um die Wand zu begutachten, trat sie zu ihm und küsste ihn auf den Hals. »Hunger?«, fragte sie.

Er nickte. »Ich mach das hier nur noch fertig, dann kann es trocknen. Vielleicht schaffen wir es nach dem Essen, die anderen Fenster einzusetzen.«

Vera kochte etwas Leichtes, hörte Robin im Badezimmer und deckte den Tisch. Sie aßen, dann räumte sie auf und sah ihm zu, wie er den Verputz testete. Ein paar Fliegen summten um sie herum, ein Schmetterling saß auf der Fensterbank.

»Ich glaube, es dauert noch eine Stunde, bis es wirklich trocken ist«, sagte Robin skeptisch und drehte sich zu ihr um. »Eine Stunde, in der wir für uns beide Zeit hätten«, fügte er lüstern hinzu.

Vera war seinen Gedanken nicht abgeneigt, im Gegenteil – aber bei dieser Hitze Sex? Sie dachte daran, wie sie beim Putzen des Kachelbodens geschwitzt hatte … und hatte eine Idee. »Sind blaue Flecken eigentlich ein Problem für dich?«, fragte sie unschuldig lächelnd und kam näher.

Er lachte. »Ein Indianer kennt keinen Schmerz!«, behauptete er und ließ sich von ihr aus dem Raum ziehen.

»Umso besser«, meinte Vera grinsend und zerrte ihn in die Küche.

»Was hast du vor?«, fragte er und blieb stehen. Er war davon ausgegangen, dass sie ihn ins Schlafzimmer führen würde.

»Heißen Sex auf kühlem Boden.« Sie küsste ihn lächelnd.

»Hier?«, fragte er ungläubig.

»Hier«, bestätigte sie und begann, ihn auszuziehen. Er roch männlich nach Schweiß und sie vermutete, dass auch sie ihren eigenen Duft hatte. *Vor allem, weil meine Möse schon wieder nass ist.* Sie schmunzelte in sich hinein.

Sein T-Shirt und seine Hose waren schnell entfernt. Dann zog sie sich ihr Top über den Kopf und stand im BH vor ihm. Robin griff nach ihren Brüsten. Sein Ständer ragte ihr entgegen, sie befreite ihn aus der Unterhose und streichelte ihn zärtlich.

Robin öffnete ihren BH und ihre Shorts, streifte beides von ihr, dann fasste er in ihr Höschen und stellte vergnügt fest, dass sie bereits scharf auf ihn war.

»Du liegst unten«, wisperte sie. Gehorsam setzte er sich auf den frisch geputzten Boden und legte sich auf den Rücken. Die kühlen Fliesen waren angenehm, stellte er überrascht fest, nur ziemlich hart. Aber was tat Mann nicht alles, um in dieser Hitze beim Sex zu überleben?

Vera kletterte auf ihn, nachdem sie ihr Höschen ausgezogen hatte. Sie beugte sich über seinen harten Schwanz und leckte ihn. Ihre Knie waren auf dem Kachelboden, und sie war sich nun sicher, dass das eine ihrer guten Ideen gewesen war bezüglich Sex und Hitze. Robin keuchte, als sie seinen Schwengel in ihren Mund schob und daran saugte. Doch sie hielt sich nicht lange damit auf. Bereits nach kurzer Zeit ließen ihre Lippen von ihm ab und sie rutschte weiter hoch, bis ihr Becken sich über seinem Schoß befand. Sie rieb ihre Schamlippen hemmungslos und laut stöhnend an seinem Schwanz, hielt seine Hände fest und keuchte vor Lust. Als sie es nicht mehr aushielt, kippte sie ihre Hüfte nach hinten, um ihn aufzunehmen, und half mit einer Hand nach. Langsam drang er in sie ein, weil sie sich sehr langsam auf ihn hinabsenkte. Sie schloss genießerisch die Augen. Wie sehr sie es liebte, von ihm ausgefüllt und von innen massiert zu werden! Als er tief in ihr steckte, hob und senkte sie sich auf ihn. Es kam ihr vor, als würde ihre Spalte vor Lust und Gier schmatzen.

Robin legte eine Hand an ihre Klit, streichelte sie mit einem Finger und drückte immer wieder neckisch darauf, sodass kleine Stromstöße durch ihren Körper gesandt wurden, was sie zu noch lauterem Keuchen animierte. Ihre Brüste schwollen weiter an und sie erhöhte das Tempo ihres Rittes.

Robin hielt ihre Hüften mit beiden Händen, hob sie hoch und runter, dann hielt sie über ihm schwebend still und er fickte heftig von unten in sie hinein. Sie begann zu kreischen. Sie lag halb auf ihm und spürte die Kühle des Kachelbodens und Robins Haut, die ebenfalls kühler war als sonst. Als er aufhörte, richtete sie sich wieder auf und ließ ihr Becken auf seinem Stab rotieren.

Vera warf ihren Kopf zurück und stöhnte. Alles an ihr war lustvoll geschwollen: ihre Brüste, ihre Schamlippen, ihre Kirsche. Letztere nahm jetzt jeden Stoß empfindlich entgegen und Vera wusste, dass nur noch wenige Stöße nötig waren. »Ich komme!«, stöhnte sie. Sie krallte ihre Finger in seine Hände, dann zuckte und bebte sie vor Verzücken, weil ihr Höhepunkt sie wie ein lang ersehnter Freund überkam. Ihre Möse massierte Robins Schwanz, der kurz darauf ebenfalls explodierte und stöhnend seinen Saft in sie pumpte.

Keuchend und atemlos lag Vera auf Robin. Er küsste sie liebevoll, seine Zunge leckte sanft über ihre Lippen, er spürte ihre zarte Haut. Ihr Körper war zwar wieder schweißbedeckt, fühlte sich aber nicht mehr so heiß an. Nachdem sie sich beruhigt hatte, rutschte sie von Robin herunter und legte sich neben ihm auf den kühlen Boden. »Wow«, lächelte sie. »Der Boden ist herrlich kalt.«

Robin grinste, dann setzte er sich auf und streichelte ihren Oberschenkel. »Das war eine gute Idee«, meinte er. »Obwohl ich jetzt blaue Flecken habe …« Tatsächlich schmerzte sein Rücken ein wenig von dem harten Boden. Er streckte sich, dann wandte er sich zu ihr um.

»Das nächste Mal liege ich gern unten«, versprach sie grinsend.

»Das könnte dir so passen«, knurrte er. »Ich kühle mich gern auf diese Weise ab.«

»Ach ja? Ich auch!« Sie rangelten liebevoll miteinander, bis Robin aufstand und sie hochzog. »An die Arbeit«, meinte er mit gespielter Strenge. »Wollen doch mal sehen, ob inzwischen alles ausgehärtet ist.« Er ging ins Wohnzimmer und begutachtete die Fensteröffnung. Glücklicherweise gab es keine Nachbarn in unmittelbarer Nähe, sodass es nichts ausmachte, dass er noch immer komplett nackt war.

Vera folgte ihm. »Können wir das neue Fenster einbauen?«, fragte sie. »Oder gönnen wir uns noch eine Runde?« Ihre Spalte prickelte immer noch, und sie hätte nichts dagegen gehabt, sich mit Robin noch einmal auf dem Küchenboden zu wälzen. Leider schien er momentan ganz in Gedanken versunken, was das Fenster betraf. *Na ja*, dachte Vera, *dann eben in der nächsten Pause.*

Robin entschied, dass sie den neuen Rahmen einsetzen konnten. Sie zogen sich flink ein paar Arbeitsklamotten an, dann hob Vera mit ihm zusammen den Rahmen in die Öffnung, wo er ihn vorsichtig ein wenig festklopfte und neuen Mörtel anrührte, um ihn festzuspachteln. Pfeifend machte er sich an die Arbeit, während Vera den Rahmen weiter festhielt, bis der größte Teil fest war. Ein paar Insekten flogen herein, drehten eine Runde und zogen weiter in die Küche. Vera beschloss, Fliegengitter zu besorgen, damit sie Ruhe hätten.

Als Robin fertig war, stützte er den Rahmen zusätzlich mit ein paar schräg aufgestellten Brettern ab, bis der Mörtel ausgehärtet wäre. Dann wandte er sich Vera zu, zog sie mit einem lüsternen Grinsen aus dem Zimmer, schloss sorgfältig die Tür hinter sich und zerrte sie weiter in die Küche. »Abkühlung gefällig?«, raunte er und küsste ihren Hals.

Vera wurde schwach. Trotzdem neckte sie ihn: »Wieso? Wir hatten doch erst eine?«

»Aber du wolltest doch vorhin eine weitere Runde!«, sagte er gespielt entrüstet und knabberte an ihrem Ohrläppchen.

»Och …, aber nicht wegen der Abkühlung«, gab sie grinsend zu.

»Nicht?« Seine Lippen wanderten zu ihrem Dekolleté, das er jetzt freigelegt hatte.

»Nein«, hauchte sie und schloss die Augen.

»Warum denn dann?« Er zog ihr das Arbeitshemd aus.

»Na ja …«, sagte sie gespielt verlegen und griff zwischen seine Beine. »Deswegen …«

Robin keuchte kurz auf und bewegte seine Hüften. Vera spürte seine Schwellung wachsen und rieb mehrmals darüber. Währenddessen zog Robin ihr auch die Arbeitshose aus, bis sie wieder nackt vor ihm stand.

»Pack ihn endlich aus!«, flehte er sie an. Vera lachte auf, dann öffnete sie seine Hose. Sein harter Schwanz schnellte ihr sofort entgegen, schmiegte sich gierig in ihre Hände und schob sich in ihre Handflächen. Während sie ihn wichste, schnaubte Robin lüstern und zog sich sein Hemd aus. Ihre nackten Füße standen auf den kühlen Fliesen, was Vera daran erinnerte, dass sie mit der Abkühlung dran war.

»Komm!« Sie ließ sich auf den Boden nieder und zog Robin mit sich. Sie küssten sich, ließen ihre Zungen miteinander spielen und sich umeinander schlingen. Robin schob seine Latte zwischen ihre Schenkel, rieb damit ihre Schamlippen und spürte, dass seine Freundin wieder nass und bereit für ihn war. »Leg dich hin«, flüsterte er.

Vera ließ sich auf den Rücken sinken, spürte die angenehme Kühle des Kachelbodens und genoss sie. Robin grinste sie geil an. Er drehte sich um und schob sich über sie, sodass er umgekehrt auf ihrem Körper zu liegen kam. Vera hatte seine Eier und seinen harten Schwanz direkt vor sich. Sie griff danach, wichste ihn ein paarmal und gab Robin zu verstehen, dass er sich noch weiter über sie schieben solle. Als er in der richtigen Position war, konnte sie seinen Schwengel in den Mund nehmen und mit ihrer Zunge verwöhnen.

Robin hatte Veras Möse vor seiner Nase. Genießerisch sog er ihren Duft ein, dann senkte er seinen Kopf zwischen ihre gespreizten Schenkel und begann sie zu lecken.

Ein Zittern durchlief ihren Körper. Sie stöhnte, doch weil sein Schwanz zwischen ihren Lippen steckte, kam der Laut nur dumpf aus ihrem Mund.

Auch Robin keuchte, denn was sie gerade mit seiner Latte und seinen Eiern anstellte, hatte er noch nie erlebt. Sie nahm seine Hoden einzeln in den Mund, saugte an ihnen und entließ sie schmatzend wieder. Ihre Hand wichste über seinen Schaft, drückte seinen Liebessaft heraus und verteilte ihn auf seiner Eichel. Dann wieder saugte sie den ganzen Schwanz ein und leckte ihn ausgiebig.

Währenddessen spürte sie, wie Robin seine Zunge an ihren Schamlippen spielen ließ. Mit kleinen schnellen Schlägen reizte er ihre Klit und holte sie auf diese Weise zwischen den Falten heraus, bis sie sich ihm groß und gierig entgegenreckte. Dann wieder strich er mit seiner Zunge über ihre Schamlippen und ließ sie heiß anschwellen. Seine Zungenspitze umkreiste sie, neckte sie, tippte einige Male auf ihre Kirsche. Vera stöhnte und keuchte immer lauter. Sie hatte die Beine so weit wie nur möglich gespreizt und hätte sich am liebsten auf Robins Mund gesetzt, um sich zu holen, was sie brauchte. So aber wartete sie sehnsüchtig auf jede Berührung, jedes Streicheln seiner Zunge und drängte sich ihm entgegen, bis ihre Schamlippen sich vor ihm spreizten und er nass und glitzernd ihren kostbaren Mösensaft vor sich hatte.

Er badete seine Zunge darin. Spürte, wie sie sich vor Lust wand, und hörte sie jauchzen. Automatisch rieb sie seinen Schwanz schneller und hob ihm ihr Becken entgegen, damit er noch besser an ihre saftige Spalte kam. Ihre heiß geschwollene Kirsche zuckte unter seiner Zungenspitze. Er presste seinen

Mund auf ihre Schamlippen und begann zu saugen – solange, bis Vera in Ekstase war und laut schrie vor Lust.

Robin lächelte und hörte mit seinen Liebkosungen auf.

»Warum hörst du auf? Das war geil! Mach weiter, bitte!«, jammerte sie und hob ihm erneut ihre Möse entgegen.

»Nein, meine Süße«, grinste er. »Mein geiler Freund hier will ja auch noch hinein.« Er kletterte von ihr herunter und sah sie liebevoll an. Ihr Gesicht war vor Erregung hochrot und lustvoll verzerrt. Sie wimmerte leise, ihre Augen glänzten. Robin forderte sie sanft auf, sich umzudrehen. Er würde ihr eine Lust verschaffen, die sie überwältigte. Hoffte er zumindest.

Vera wollte nichts anderes mehr, als endlich gevögelt zu werden. Doch sie kannte Robin. Wenn er sich etwas in den Kopf gesetzt hatte, dann kam sie kaum dagegen an. Und wenn sie wollte, dass er sie zackig rammelte, müsste sie seiner Aufforderung nachkommen. Ihr Becken war so schwer vor Lust, dass sie Mühe hatte, sich überhaupt zu bewegen. Sie drehte sich auf die Seite und ging auf die Knie, stützte sich auf den Händen ab. Den Doggy-Style hatten sie einmal ausprobiert, aber seitdem nicht mehr. Sie war gespannt, ob er ihr dieses Mal mehr zusagte.

Robin rutschte auf den Knien hinter sie und packte ihre Hüften. Seine Hände kneteten ihr Fleisch, bis Vera schnurrte, dann strich sein Finger mehrmals über ihre nassen Schamlippen. Sie reckte ihren Hintern hoch wie eine Katze. Robin lächelte. Irgendwo hatte er mal aufgeschnappt, dass Frauen es geil fänden, wenn sie direkt über dem Grübchen am Steißbein gekrault wurden, und dass sie leichten Klapsen mit der flachen Hand nicht abgeneigt waren. Genau das war seine Strategie. Er setzte seine Eichel zwischen ihre Schamlippen und drang in sie ein. Zufrieden registrierte er ihr Keuchen.

Sie schnappte nach Luft und begann sofort, sich auf seinem Stab zu bewegen. Vor und zurück schaukelte ihr Körper, und jedes Mal, wenn sein Schwanz zur Hälfte aus ihrer Möse auftauchte, war er mit ihrer Feuchtigkeit benetzt und glänzte. Es geilte ihn wahnsinnig auf. Er dirigierte ihre Hüften, dann kraulte er ein wenig ihr Steißbein und brachte sie dadurch zum Stöhnen. Als sie das Tempo anziehen wollte, gab er ihrem Hintern einen Klaps mit der flachen Hand. Sie keuchte auf. Noch zwei Klapse und sie wimmerte vor Lust. Nun streichelte er sie sanft genau dort, wo er ihr zuvor die leichten Schläge verpasst hatte.

Vera war überrascht über die Wirkung. Die Klapse hatten ihre Erregung noch gesteigert, und wenn es nach ihr ginge, hätte er so weitermachen können, sie mit leichten Schlägen bis zum Höhepunkt bringen dürfen. Doch dieser Unterschied zwischen den Klapsen und dem darauffolgenden Streicheln sensibilisierte sie in erstaunlicher Weise. Sein Schwanz in ihr schien sie intensiver zu reiben, und sobald er wieder mit den leichten Schlägen auf die gleiche Stelle ihres Hinterns begann, stöhnte sie gequält auf. Gequält, weil es unglaublich lustvoll war. Es machte sie fast irre, als er sie wieder streichelte und sie nicht mehr wusste, wohin mit ihrer Geilheit. Alles in ihr war zum Bersten bereit. Sie wartete eigentlich nur noch darauf, dass sie endlich explodierte. *Nur noch ein paar Stöße*, dachte sie, ich bin gleich so weit. Aber Robin hatte es fast zur Kunst erhoben, ihre Befriedigung hinauszuzögern. Offensichtlich spürte er, wenn sie kurz vor dem Bersten war – jedenfalls wurde er dann langsamer in seinen Bewegungen, gönnte sich und ihr eine längere Verschnaufpause, ohne jedoch aus ihr hinauszugleiten.

Vera schnaufte und stöhnte. Sie war auf einem Level, in dem sie kurz davor war, auf das Lustplateau zu klettern oder wieder hinunterzurutschen. Ihre Arme zitterten vor Anstrengung, deshalb ließ sie sich auf ihre Ellbogen nieder und reckte Robin ihren geilen Hintern hoch entgegen. Dieser Umstand steigerte ihre Lust noch, denn nun trafen seine Eier auf ihre Klit, sobald er in sie glitt.

Robin packte Veras Hüften und hielt sich an ihnen fest, weil er spürte, dass er demnächst kommen würde. Er hörte Veras Wimmern und Stöhnen und ihr immer höher werdendes Jauchzen nur noch wie von fern, weil das Blut in seinen Ohren rauschte, während er sie heftig zu ficken begann. Er pumpte fest in ihre Grotte hinein, während Vera spitze Schreie ausstieß. Beide spürten die Kühle des Kachelbodens, als sie zuckend und keuchend fast gleichzeitig explodierten. Robin schoss seine Ladung knurrend in sie und Vera spürte seinen heißen Samen, der sie ausfüllte. Sowohl Möse als auch Kirsche zuckten heftig und beruhigten sich nur langsam.

»Verdammt, war das gut«, stellte Vera fest, als sie neben Robin auf dem Boden lag. Er hatte sich lang neben ihr ausgestreckt, erschöpft, aber glücklich lächelnd. Sie hielten sich eng umschlungen und küssten sich.

»Mmhm, heiße Abkühlung«, meinte Robin grinsend.

Vera setzte sich auf, weil sie ins Bad wollte, und betrachtete den Boden. »Hatte ich hier nicht geputzt?«, fragte sie mit erhobenen Brauen und gespielter Entrüstung.

»Anscheinend nicht«, meinte er und lachte laut auf, als sie begann, ihn durchzukitzeln.

# Leidenschaft unter dem Wasserfall

Äthiopien war für Romy schon immer ein besonderes Land gewesen. Das lag nicht nur daran, dass die Flora und Fauna sie besonders interessierten. Nein, sie fand auch die Menschen mit ihrer dunklen Haut, den großen Augen und den fast europäisch anmutenden Zügen schön. Es hieß, dass die Äthiopier von der Verbindung zwischen König Salomon und der damaligen Königin von Saba abstammten – eine alte Legende, die sogar biblischen Ursprung hatte. Einer von Romys Vorfahren sollte von dort kommen und sie wollte dieses wunderbare Land endlich kennenlernen.

Sie buchte die Reise im Februar und hatte Glück, für den April noch einen Platz zu bekommen. Im Reisebüro bot man ihr eine Übernachtung in Addis Abeba sowie die Weiterfahrt nach Norden am kommenden Tag an. Dort befand sich Tis Abay und gleich in der Nähe das Blue Nile Camping. Als Romy die Bilder sah, musste sie schmunzeln, weil die winzigen runden, bunten Lehmhütten lediglich ein schmales Doppelbett sowie einen Nachttisch beherbergten. Trotzdem sah es sauber und nett aus, was nicht zuletzt an den Tüchern lag, die an Wand und Decke befestigt waren.

»Das nehme ich!« Sie zahlte einen Teil des Reisepreises an, den Rest würde sie innerhalb einer Woche überweisen. Beschwingt fuhr sie nach Hause, fertigte eine Liste an mit allem, was sie benötigte, und freute sich auf den Urlaub.

Romys Haut hatte eine hellbraune Tönung – was viele Menschen als »milchkaffeebraun« bezeichnen würden –, die verriet, dass mindestens ein Elternteil oder Vorfahre dunkel gewesen war. Sie war groß, schlank, jung, hatte schwarze, glatte, lange Haare und große Augen undefinierbarer Farbe.

Männer drehten sich oft nach ihr um, sandten ihr bewundernde Blicke und versuchten, ihre Bekanntschaft zu machen. Zwei Mal war sie längere Zeit mit einem liiert gewesen. Der letzte Typ hieß Thomas, ein geschmackvoll gekleideter Börsenmakler mit viel Geld. Ein paar Wochen lang hatte er sie großzügig ausgeführt, sie hofiert mit kleinen Geschenken und charmantem Auftreten. Im Bett war er unbestritten klasse gewesen und hatte sie mit großer Ausdauer und Einfallsreichtum mehrmals zum Höhepunkt geführt. Einmal hatte er Sexspielzeug mitgebracht: Ein Ei, das ferngesteuert werden konnte. Er führte es in ihre ohnehin schon nasse Spalte ein und schaltete es an. Die Vibrationen waren gigantisch gewesen, und der Umstand, dass er auf diese Weise ihre Lust steuern konnte, sehr prickelnd. Sie war schweißnass auf den Laken gelegen, hatte ihre Finger hineingekrallt und die Beine gespreizt, völlig seinem Spiel ausgeliefert. Nachdem sie das erste Mal keuchend gekommen war, hatte er nicht aufgehört mit den Vibrationen. Doch nach dem dritten Mal flehte sie ihn an, ihr eine Pause zu gönnen, was er ihr widerwillig zugestanden hatte. Danach hatte er sie mit seinem harten Schwanz genommen und heftig gefickt, weil ihre Schreie ihn aufgegeilt hatten.

Oh ja, mit Thomas war es wirklich unterhaltsam gewesen, und sie konnte im Nachhinein nicht einmal sagen, woran es lag, dass es zu Ende gegangen war. Vielleicht hatte sich Routine bei ihnen eingeschlichen, vielleicht war es ihnen langweilig geworden, vielleicht hatten sie beide auch einfach durch ihre

Jobs zu viel um die Ohren.

Romy hatte vor einigen Jahren ihr Studium abgeschlossen und arbeitete inzwischen in einer IT-Firma als Beraterin im Management. Sie wurde sehr gut bezahlt, machte häufig Überstunden und arbeitete manchmal auch am Wochenende von zu Hause aus. Es war schwierig gewesen, diesen drei Wochen langen Urlaub zu bekommen, doch da sie ihn bereits mehrere Male verschoben hatte und ihr Chef ihre Arbeit sehr schätzte, konnte sie ihm sozusagen die Pistole auf die Brust setzen.

»Aber was soll ich denn so lang ohne Sie machen?«, hatte er gejammert und sie hilfesuchend angesehen. Ausnahmsweise hilfesuchend, dachte Romy, denn oft hatte er eher einen etwas lüsternen Blick drauf.

Sie hatte gelächelt und ihn diplomatisch getröstet: »Sie schaffen das schon! Ich bin ja bald wieder da!«

»Sind Sie denn im Notfall erreichbar?«

»Ich fürchte nicht. Ich bin in Afrika.«

Er hatte sie traurig angesehen und genickt. Sie war lächelnd gegangen und hatte bei sich gedacht: *Das fehlte ja noch, dass ich im Urlaub erreichbar bin!*

***

Einen Tag vor ihrer Abreise übergab sie sämtliche Vorgänge einer Assistentin und erledigte am letzten Tag noch die wichtigsten Dinge. Als es Zeit war, nach Hause zu gehen, schloss sie aufatmend ihr Büro ab und nahm die U-Bahn. Ihre Koffer waren gepackt und bereits einem Gepäckservice übergeben worden. Am nächsten Morgen würde sie nur noch das Nötigste einpacken und zum Flughafen fahren. Sie ging früh zu Bett, mit einer unbändigen Vorfreude auf die Reise und leisen Befürchtungen, nicht schlafen zu können.

Der April hatte mit strahlendem Sonnenschein und frühlingshaften Temperaturen begonnen. In Äthiopien würde es etwas heißer sein, im Schnitt um die dreißig Grad, aber Romy liebte Wärme und konnte es kaum noch erwarten. Sie bestieg das Flugzeug in Frankfurt, lehnte sich auf ihrem Sitz zurück und entspannte sich. Zum Glück hatte sie einen Direktflug ergattert und würde dadurch ohne Zwischenstopp in etwa sieben Stunden in Addis Abeba landen. Ein gut aussehender Mann, der ihr bereits am Flugsteig aufgefallen war, saß schräg über den Gang etwa eine Reihe vor ihr. Er hatte akkurat geschnittenes dunkles Haar und trug einen gut sitzenden Anzug. Offensichtlich ein Geschäftsmann – vor sich hatte er einen Laptop, auf dem sie Diagramme und Tabellen erkennen konnte. Der Typ gefiel ihr. Durchtrainierte, schlanke Figur, schmale Hände. Nur schade, dass sie keine Gelegenheit haben würde, ihn kennenzulernen. Da Romy sehr früh aufgestanden war, schloss sie die Augen für ein kleines Nickerchen und ignorierte die Versuche ihres Sitznachbarn, ein Gespräch mit ihr anzufangen.

»Meine Damen und Herren, bitte stellen Sie Ihre Sitzlehnen senkrecht, klappen Sie die Tische hoch und schnallen Sie sich an. Wir beginnen mit dem Landeanflug auf Addis Abeba.« Ein Klicken des Lautsprechers, dann baute sich eine allgemeine Geräuschkulisse auf, weil die Passagiere den Anweisungen der Purserette Folge leisteten. Romy erwachte, sah sich blinzelnd um und tat es ihnen nach. Sie hatte den ganzen Flug verschlafen und verspürte jetzt etwas Hunger und Durst. Sie würde sich im Flughafen eine Kleinigkeit besorgen müssen.

Gespannt sah sie aus dem ovalen Fenster nach unten. Das Land lag ausgebreitet vor ihr – grün und braun, von Flüssen durchbrochen, die wie Adern wirkten. Während des Sinkflugs konnte sie mit der Zeit zunächst einzelne Gebäude ausmachen, dann Autos und als sie sehr nah am Boden waren, Menschen. Die butterweiche Landung wurde von den Passagieren mit frenetischem Applaus honoriert. Sie wurden aufgefordert, angeschnallt sitzen zu bleiben, bis das Flugzeug am Gate angedockt hätte, doch wie so oft hörten manche nicht darauf und klaubten ihr Handgepäck aus den über ihnen liegenden Fächern. Romy schloss sich ihnen nicht an. Sie hatte keine Eile, sondern Urlaub und wollte sich durch nichts aus der Ruhe bringen lassen. Als sie andockten, begann ein hektisches, ungeduldiges Treiben um sie herum, weil jeder so schnell wie möglich den Flieger verlassen wollte. Sie blieb sitzen, bis sie eine der Letzten war, dann holte sie ihr Handgepäck und folgte den anderen Passagieren ins Flughafengebäude.

Nach der Zollabfertigung holte sie ihre beiden Koffer, tauschte ihr Geld in die Landeswährung Birr um, besorgte sich eine Kleinigkeit zu essen und ließ sich mit einem Taxi ins Hotel bringen. Vor dem Schlafengehen wollte sie sich noch eine Stunde an die Bar setzen und einen Absacker nehmen. Am nächsten Morgen würde sie sehr früh aufstehen müssen, um den Flieger zum Blue Nile Camping zu bekommen.

Doch aus der einen Stunde an der Bar wurden zwei, weil sie sich kaum loseisen konnte. Die Bar war typisch afrikanisch mit Matten, einheimischen Blumen und vor allem Masken geschmückt. Die Musik war angenehm leise, auf den kleinen Tischen standen Nüsse und schmale Blumenvasen, das Licht war gedimmt. Der dunkelhäutige Barmann verbreitete mit seiner geschickten Art, die Getränke zu mixen, und seinem breiten Lächeln gute Laune. Und last, but not least, kam etwa zehn Minuten nach Romy der Anzugmann herein und setzte sich nur zwei Plätze von ihr entfernt an den Tresen.

Er lächelte sie an, bestellte einen Drink und streifte Romy ein paarmal mit seinen Blicken, bevor er sie ansprach. »Waren

Sie nicht im gleichen Flugzeug wie ich heute?« Er hatte helle Augen und ein sympathisches Lächeln.

Sie nickte. »Das war ich. Sie sind geschäftlich hier?«

»Ja. Woher … oh, Sie sind eine gute Beobachterin!«

Romy lächelte. »So gut oder schlecht wie andere auch.«

Er dachte kurz nach, dann erklärte er: »Nun, teilweise bin ich geschäftlich hier, teilweise nehme ich meinen Resturlaub. Und Sie?«

»Letzteres. Es war Zeit, meinen Urlaub zu nehmen, sonst wäre er verfallen.«

Sie unterhielten sich darüber, wie oft jeder von ihnen schon in Äthiopien gewesen war – Romy: »Noch nie.« Er: »Fünf Mal. Ein wunderbares Land.« – und um welche Geschäfte es sich handelte, die Thomas, wie er sich ihr vorstellte, zu erledigen hatte.

Im Gegenzug berichtete Romy von ihrer Beratertätigkeit und stellte fest, dass die Zeit selten so schnell verflogen war, als sie auf ihre Armbanduhr sah. »Es tut mir leid, ich muss sehr früh aufstehen morgen. Es war nett, mit Ihnen zu plaudern«, verabschiedete sie sich und zahlte ihre Getränke.

Thomas lächelte sie bedauernd an. »Schade. Ja, das war ein netter Abend. Ich wünsche Ihnen einen wunderbaren Aufenthalt. Schlafen Sie gut.« Romy schenkte ihm noch ein Lächeln, dann ging sie in ihrem sauberen, schlichten Hotelzimmer zu Bett. Kurz hatte sie überlegt, ob sie den Typen zu sich einladen sollte, um eine anregende Nacht mit ihm zu verbringen, sich dann aber dagegen entschieden. Sie wollte keine Komplikationen.

Tatsächlich schlief sie sofort ein, träumte aber ausgerechnet von dem attraktiven Thomas. Im Traum begehrte er sie, was sie an seinem bemerkenswerten Schwengel sehen konnte, die wie eine Wünschelrute in ihre Richtung wies. Sie waren beide nackt an einem See, in den ein Wasserfall mündete. Die Sonne schien, es war heiß und sie waren völlig allein. Romy sah die begehrlichen Blicke von Thomas. Sie ging mit schwingenden Hüften auf ihn zu und streifte seine Brust mit ihren harten Nippeln. Er küsste sie – verlangend, fordernd – und presste seinen Unterleib an sie, sodass sein harter Schwanz zwischen ihren Körpern hochstand. Romy bewegte sich in seinen Armen, rieb sich an seiner feuchten Haut, die durch die sprühende Gischt des Wasserfalls benetzt wurde. Ohne dass sie sagen konnte, wie, war sein Schwengel plötzlich zwischen ihren Schenkeln, rieb an ihrer Spalte und sie war so geil auf ihn … Seine Hände strichen über ihre Haut, streichelten ihre Brüste, kneteten ihren Hintern. Romy schmolz wie Wachs …

In der nächsten Traumsequenz stand sie mit Thomas im Wasser unter dem Wasserfall, der sie beide durchnässte, ihre Haut angenehm glitschig machte und ihre Lust ins Unermessliche steigen ließ. Thomas hob sie hoch und setzte sie auf seinen Schwanz, der mühelos in sie hineinglitt und ihre Möse massierte. Er bewegte sie mit seinen starken Armen auf diesem Stab auf und nieder, ihre Beine umschlangen seine Hüften. Gerade, als sie glaubte zu explodieren, erwachte sie ruckartig mit heftigem Herzklopfen und setzte sich auf.

Sie wusste zunächst nicht, wo sie war, doch mit der Zeit gewöhnten ihre Augen sich an die Dunkelheit und erkannten die Umrisse der Möbel in dem kleinen Hotelzimmer. Bett, Schreibtisch, Schrank, ein Stuhl … Von draußen drang etwas Licht durch den Spalt der dicken Vorhänge. Es war stickig im Raum. Romy stand auf, ging ins Bad, trank einen Schluck Wasser und untersuchte dann die Klimaanlage, die in die Außenwand eingebaut war. Innerlich fluchte sie, weil ihre Möse vor sexueller Spannung pochte und schmerzte, weil dieser Thomas ihr nicht aus dem Kopf ging und sie jetzt verdammt gern einen Fick gehabt hätte.

Als sie das Klimagerät zum Laufen gebracht hatte, legte sie sich wieder aufs Bett und versuchte einzuschlafen. Es dauerte ziemlich lange.

***

Der Flug der Ethiopian Airlines, der sie am nächsten Morgen nach Bahir Dar bringen sollte, hatte etwa eine Stunde Verspätung. Romy stand ungeduldig am Gate. Ihr Gepäck war längst aufgegeben und sie sah immer wieder ungeduldig auf ihre Armbanduhr. Die anderen etwa fünfzig Passagiere um sie herum schienen gelassener zu sein als sie. *Wahrscheinlich muss ich mich an afrikanische Verhältnisse und deren Zeitempfinden gewöhnen*, dachte sie ergeben, als die DHC-400 endlich auftauchte. Sie nahm ihren Platz ein. Außer ihr waren nur noch vier weitere Personen weiß, alle anderen waren Äthiopier und unterhielten sich auf Amharisch. Romy sah während des Fluges aus dem Fenster und hoffte, dass in der einstündigen Flugdauer in dieser wackligen Maschine nichts passieren würde. Von Bahir Dar aus würde sie mit einem Shuttlebus nochmals eine Stunde zum Blue Nile Camping unterwegs sein, doch dann hätte sie es geschafft.

***

Staubig und müde kletterte sie aus dem Shuttlebus, der die ganze holprige Strecke durchgehalten hatte. Sie nahm ihr Gepäck entgegen und sah sich um. Ein großes, blaues Willkommensschild begrüßte sie mit den Worten: *Willkommen im Blue Nile Camping. Genießen Sie unsere äthiopische Atmosphäre mit Kaffee, Honigwein und kalten Getränken. Schlafen Sie in traditionellen Hütten oder Zelten und entspannen Sie sich am Lagerfeuer.* Darunter stand etwas von einer Führung sowie Ausflügen. Romy meldete sich an. Auf dem Gelände standen unterschiedlich große, runde Lehmhütten, die türkis, blau, grün und orange angemalt waren. Die kleinsten beherbergten lediglich ein Bett und eine Kommode, die größeren boten Platz für Doppelbett, Kommode und Ablage für die Koffer. Doch jede Hütte war liebevoll mit großen Tüchern ausgeschlagen, die sowohl rundum an den Wänden als auch parallel zum Boden als Decke befestigt waren. Bei den größeren Hütten waren die Tücher fast wie bei einem Zelt angeordnet, sie strebten bis zur Spitze der runden Hütten hinauf. Farbenfrohe, weiche Teppiche bedeckten die Böden. Romy fühlte sich sofort wohl. Sie brachte ihre Koffer in ihre Hütte und schloss sich einer kleinen Führung an.

Das Gelände war ziemlich groß und die einzelnen Gebäude geschickt angeordnet. Neben einer mit Holzlatten umzäunten, großen Lagerstelle stand eine mit Gras gedeckte Hütte, in der sich die Bar und das Restaurant befanden. Beide Gebäude lagen ziemlich in der Mitte des Geländes, drumherum waren die Hütten und Zelte angeordnet und etwas weiter entfernt konnten die Besucher ihr eigenes Zelt aufschlagen. Ihr Führer – ein großer, schlanker Äthiopier –, erklärte ihr und den anderen Neuankömmlingen, dass sowohl ein Ausflug zu den Blue Nile Wasserfällen angeboten werde als auch eine geführte Beobachtung der Tiere – Vögel, Affen und Leoparden. Außerdem konnte man bei einer Wanderung über die Berge mitmachen, die zu einem Kloster mit einem Einsiedler führte, der Heilkräfte besaß. Romy musste schmunzeln, denn sie war skeptisch in diesen Dingen, doch Sam, der Führer, pries ihnen diese Tour sehr enthusiastisch an. Nein, sie wollte lieber zu den Wasserfällen, die nicht weit von hier waren und wo sie alle sich wie die Einheimischen waschen konnten, denn eine Dusche oder Elektrizität gab es hier nicht.

Romy nahm im Restaurant eine Kleinigkeit zu sich. Es gab ausschließlich landestypische Speisen wie Injera, eine Art Sauerteig-Fladenbrot, dazu unterschiedliche Soßen, in die man kleine Stückchen des Injera tunkte und aß. Romy sah sich um. Sie sah kein Besteck, alle aßen mit der Hand. Auf der Speisekarte wurde erklärt, dass Injera das Hauptnahrungsmittel sei, das mit den unterschiedlichen Soßen ergänzt werde. Zusätzlich konnte man entweder Lammfleisch, Eier, Rindfleisch oder Gemüse dazu bestellen. Die Gerichte wurden auf Campingkochern gekocht. An der Bar nahmen die meisten Touristen noch einen Drink zu sich, dann war es Zeit, zu Bett zu gehen – denn es wurde dunkel und am nächsten Morgen wollte Romy die Gegend erkunden.

***

Wenige Tage später kannte sie sich bereits gut genug aus, um auch allein um den Campingbereich herumstreunen zu können. Sie hatte Vögel und Affen beobachtet, war bei den Wasserfällen gewesen, hatte sich dort gewaschen und sich allmählich an die lässige Art der Einheimischen gewöhnt, die so wohltuend entspannend war. Sie spürte, wie der Arbeitsstress der vergangenen Wochen von ihr abfiel, und hatte bereits ein paar Bekanntschaften mit anderen Touristen gemacht, mit denen sie sich abends am Lagerfeuer unterhielt.

Eines Nachmittags brachte der Shuttlebus neue Gäste. Sie stiegen aus dem Wagen, streckten sich und holten das Gepäck heraus. Romy stand in der Nähe, als ihr ein bekanntes Gesicht auffiel.

»Hey, Sie sind ja auch hier!« Thomas. Der Mann, an den sie in den letzten Tagen immer wieder mal gedacht und von dem sie sogar heiß geträumt hatte. Er kam lächelnd auf sie zu und reichte ihr die Hand.

»Jetzt bin ich überrascht«, gab Romy zu. Ob er ihr ansah, was sie geträumt hatte?

»Seit wann sind Sie hier?«

»Seit ein paar Tagen. Es ist schön hier.« Sie musterte ihn. Er trug

Freizeitkleidung, ein Poloshirt und Shorts, war leicht gebräunt und strahlte sie mit seinen blitzenden Augen an. Verdammt sexy.

»Sie sehen erholt aus«, stellte er fest und ging neben ihr zur Anmeldung.

Romy lachte. »Wie auch nicht? Ich fühle mich wohl, so ganz ohne Handy, Arbeit, Elektrizität und sonstige Ablenkungen.«

Thomas checkte ein, bekam eine Hütte ein paar Meter von Romy entfernt zugewiesen und fragte: »Ich bringe nur meine Sachen hinein, dann würde ich gern mit Ihnen zusammen etwas essen, wenn Sie mögen?«

Romy nickte und lächelte. Sie ging zum Restaurant voraus. Ihr Körper prickelte vor Erwartung. Sie spürte, wie es sehnsüchtig zwischen ihren Schenkeln zog.

Thomas kam und erzählte ihr, dass er in Arba Minch bei Obstbauern gewesen sei, die sich selbstständig gemacht hatten und lernten, die Obsthaine zu pflegen und ihre Waren klug zu verkaufen. Sie unterhielten sich angeregt über den Welthandel, stellten fest, dass sie in vielem einer Meinung waren, und musterten sich gegenseitig verstohlen. Die Anziehungskraft zwischen ihnen war unleugbar.

»Was haben Sie getrieben, seitdem Sie hier sind?«, wollte er dann wissen und nahm einen Schluck von seinem Honigwein.

Romy erzählte ihm von den Affen und Vögeln, die sie beobachtet hatte, und fügte hinzu: »Morgen will ich wieder zu den Wasserfällen. Dort kann man baden.«

»Das stimmt.« Er sah sie nachdenklich an. Da er schon hier gewesen war, kannte er sich aus. »Was dagegen, wenn ich mitkomme?«

»Nein, warum sollte ich?« Sie lächelte ihn an. Sie verabredeten sich für den nächsten Tag und zahlten. Thomas wollte früh zu Bett, außerdem dämmerte es langsam. Vor ihrer Hütte verabschiedete er sich, indem er sich vorbeugte und ihr einen

Kuss auf die Wange gab. »Bis morgen!«

Romys Haut brannte, wo er sie geküsst hatte. Sie sah ihm hinterher und dachte: *Wenn er wüsste, was ich geträumt habe …*

***

Der nächste Morgen begann strahlend schön. Es versprach, ein heißer Tag zu werden – ideal also, baden zu gehen. Romy packte ihre Sachen in einen kleinen Beutel, dann ging sie zum Frühstück. Dort traf sie Thomas, der auf sie zu warten schien. Danach schlossen sie sich gemeinsam einer kleinen Gruppe an, die ebenfalls zu den Blue Nile Wasserfällen wollte.

Das Rauschen hörten sie schon von Weitem, und obwohl ihnen erklärt wurde, dass der Fluss zu dieser Jahreszeit wenig Wasser führe, war der Ausblick dennoch gigantisch.

Die Tississat Wasserfälle rauschten etwa vierzig Meter in die Tiefe, wo sich das Wasser in einem kleinen Becken sammelte und dann als Fluss seine Reise fortsetzte. Zusätzlich zu dem breiten Hauptstrom, der sich über die Felsen in die Tiefe stürzte, gab es links davon ein paar kleinere, schmale Fälle. Über dem Wasser schwebte ein Regenbogen, die feinen Tropfen glitzerten in der Luft. Romy freute sich schon auf das kühle Nass, denn jetzt war es tatsächlich heiß. Die Gruppe stieg zu dem Becken hinunter, wo sich alle bis auf Badekleidung entkleideten und ins Wasser stürzten.

Sie waren die einzigen Menschen hier und befanden sich rechts von dem breiten Wasserfall, aber Romy wollte gern ein wenig abgeschieden sein und schwamm durch das Becken auf die andere Seite. Thomas folgte ihr ungefragt, worauf sie gehofft hatte. Während sie hierhergelaufen waren, hatte das Prickeln in ihr zugenommen. Sie begehrte diesen Mann eindeutig. Ihre Nippel wurden hart, sobald er sie nur ansah. Ganz zu schweigen von ihrer Spalte, die vor Lust triefte.

Als sie das Becken durchquert hatte, kletterte sie über einen Felsen, der aus dem Wasser ragte, und verschwand um einen Felsvorsprung herum, der zwischen zwei schmalen Wasserfällen markant hervorragte. Sie stellte sich unter das schmale Rinnsal hinter dem Vorsprung und nutzte es wie eine Dusche, ließ das Wasser über ihren Kopf prasseln und schloss die Augen. Wie herrlich diese Abkühlung war!

»Das ist fantastisch hier«, hörte sie Thomas' Stimme. Halb watete, halb schwamm er auf sie zu.

Romy öffnete die Augen, und als Thomas nahe genug heran war, genügte ein winziger Moment. Sie streckte ihre Hände nach ihm aus und lag im nächsten Augenblick in seinen Armen, seine Lippen auf ihrem Mund, seine geflüsterten Worte in ihrem Ohr, die sie durch das Rauschen fast nicht verstand. Das Wasser prasselte auf sie herab, machte ihre Haut glitschig, sodass sie sich aneinander rieben und immer heißer aufeinander wurden. Thomas trug eine Badehose, Romy einen vorteilhaft geschnittenen Badeanzug. Thomas schob einen Träger des Badeanzugs über ihre Schulter und küsste ihre Brust, die zum Vorschein kam. Er leckte und knabberte an ihren Nippeln. Sie fasste unter Wasser an seinen Schoß, spürte die Beule, die dort wuchs, und rieb sie. Die Lust übermannte sie wie ein überwältigender Essensduft, der einem Hungernden in die Nase steigt.

Der Felsvorsprung schützte sie vor den Blicken der Gruppe. Romy zog den Badeanzug aus und hängte ihn über eine Felsnase, damit er nicht davonschwamm. Thomas streifte unter Wasser seine Hose ab, sie landete auf einem flachen erhobenen Felsen in der Nähe. Wieder packte er Romy, küsste sie und rieb seinen Stab zwischen ihren Beinen.

*Jetzt ist es wie in meinem Traum*, dachte Romy und erwiderte seine Küsse. Er hatte so weiche, bewegliche Lippen! Sie stellte sich vor, er würde sie damit an ihrer Kirsche lecken, stattdessen strich er mit seiner Zunge über ihre Lippen. Sie stöhnte in seinen Mund, weil er jetzt eine Hand zwischen ihre Beine gelegt hatte. Sein Finger strich über ihre zarte Haut, dann wühlte er sich sanft bis zu ihrer Klit vor. Die erste Berührung dort und Romy stand unter Strom. Ihre Brüste schwollen noch weiter an, sie keuchte und wimmerte. Ihre Hand wichste unter Wasser seinen Schaft, sie pressten sich aneinander und genossen die glitschige Haut des anderen.

Plötzlich hörten sie Stimmen und hielten kurz inne. Thomas spähte vorsichtig um den Felsvorsprung – ein paar Kinder waren angekommen und planschten im Wasser, aber sie waren weit genug von ihnen entfernt. Trotzdem ließ Thomas sich tiefer ins Wasser gleiten und zog Romy durch den schmalen Wasserfall bis zum hoch aufragenden Felsen. Dort konnte sie sich festhalten. Das Wasser war nun fast wie ein Vorhang, der sie etwas vor Blicken schützte.

»Wenn wir mit den Körpern unter Wasser bleiben, wird uns so schnell niemand sehen«, sagte Thomas leise und hielt sich an Romy fest. Sie lächelte und nickte, küsste ihn erneut. An dieser Stelle konnte er gerade noch stehen. Sanft bewegte er sie dazu, sich umzudrehen.

»Was hast du vor?«, fragte sie gespielt unschuldig, aber sie gehorchte.

»Ich installiere so etwas Ähnliches wie einen Wasserfall in dir …«

Sie spürte, wie sein Schwanz langsam in ihre Spalte glitt. *Fragt sich, wer von uns hier den Wasserfall hat*, dachte Romy schmunzelnd. Thomas hielt sich an ihrer Schulter fest. Sie keuchte. Er war größer, als sie gedacht hatte, und rieb sie intensiv und hart. Seine Stöße waren wegen des Wasserwiderstandes langsam. Romy hätte sich mehr Tempo gewünscht, doch nach wenigen Minuten hatte Thomas sie gerade durch die Verzögerungen so geil gemacht, dass sie sich ihm bei jedem Stoß entgegenbewegte. Nie hätte sie gedacht, dass dieser entschleunigte Sex sie dermaßen antörnen würde. Vermutlich lag es daran, dass die Reibung in ihr dadurch intensiver war, dass sämtliche Nervenenden vibrierten vor Sehnsucht nach dem nächsten Kontakt, der nächsten Berührung. Romy hatte das Gefühl, sie würde brennen, innerlich wie auch äußerlich. Ihr leises Stöhnen vermischte sich mit dem Rauschen des Wassers, dessen Gischt sie hinter dem Wasservorhang besprühte. Sie hielt sich noch immer fest.

Thomas versuchte, etwas schneller zu werden, doch es war schwierig, gegen den Wasserwiderstand anzukämpfen. Er legte einen Arm um ihre Leiste und tastete mit seinen Händen nach ihrer Kirsche. Romy spreizte ihre Beine noch weiter. Er fand ihre Schamlippen, dann ihre Klit, die sich ihm sehnsüchtig entgegenreckte. Thomas strich über diesen winzigen empfindsamen Knoten, der so viel Lust verursachen konnte.

Romy stöhnte laut. Es war einfach zu geil, in die Spalte gefickt und gleichzeitig die Kirsche gewichst zu bekommen. Sie keuchte und stöhnte abwechselnd, wurde immer lauter, dann wimmerte sie und warf den Kopf unruhig hin und her. Ihre Erregung wuchs, sie war fast auf dem Plateau angekommen, auf dem eine Frau relativ lang verweilen kann. Genießerisch drängte sie Thomas ihren Arsch entgegen und forderte ihn damit auf, fester in sie zu vögeln.

Der erste Orgasmus überraschte sie, normalerweise spürte sie weit vorher, wenn sie soweit war. Er kam aus heiterem Himmel, brachte ihren Körper zum Beben. Sie zuckte auf seinem Stab und schrie leise. Thomas hielt sie umfasst, seine Hände streichelten ihre nassen Brüste und zogen an ihren harten Nippeln, bis sie fertig war. Nachdem er aus ihr geglitten war, drehte sie sich zu ihm um. Im Gegensatz zu ihr war er noch nicht gekommen. Seine Augen leuchteten und er grinste.

Thomas suchte sich einen festen Stand auf dem unebenen Boden unter Wasser, während Romy vor ihm trieb und sich an ihm festhielt. Als er nickte, kam sie auf ihn zu und schlang ihre Beine um seine Hüften. Dieses Mal wollte sie ihn noch intensiver spüren, wollte, dass seine Stöße auch ihre Klit stimulierten. Sein Schwanz bohrte sich in ihre Grotte und Thomas verengte die Augen, während er knurrend vor Lust in sie eindrang. Tief in ihr stieß er an.

Romy war wieder heiß auf ihn, es war offensichtlich, dass sie noch lange nicht genug hatte. Sie presste sich fest an ihn, umklammerte ihn mit ihren langen Beinen und schob sich an seinem Körper entlang hoch und wieder runter, sodass sie seinen Schaft mit ihrer Möse rieb. Nun war es an ihm, leise zu stöhnen. Seine Augen wurden glasig. Romy rieb ihre Brüste, ihre Nippel an seiner glatten, nassen, glitschigen Haut und spürte, wie alles in und an ihr wieder anschwoll. Ihre Kirsche schien unersättlich zu sein. Bei jedem wenn auch noch so langsamen Stoß traf Thomas auf sie, stimulierte sie dazu, weiter anzuschwellen – was sie genüsslich tat.

Als Romy sich noch fester an ihn klammerte, ging Thomas dazu über, mit kleinen, schnellen Stößen in sie zu ficken. Sie warf den Kopf zurück und stöhnte. Es schien wie ein Wettlauf zwischen ihnen zu sein: Wer von ihnen beiden würde nun als Erster kommen? Wer hielte am längsten durch? Romy nahm sich fest vor, diesmal Thomas zur Explosion zu bringen, doch er schien das Gleiche bei ihr bewerkstelligen zu wollen, denn er gab sich alle Mühe, sie trotz des Wasserwiderstandes heftig zu vögeln. Romy spürte ihr Becken schwer werden, weil alles Blut sich darin sammelte, ihre Schamlippen zum Schwellen brachte und ihre Lust vervielfachte. Sie hob sich halb aus dem Wasser, ohne den Kontakt zu Thomas' Latte zu verlieren. Sie wusste, dass die empfindsame Haut an der Eichel am leichtesten zu reizen war, deshalb vollführte sie kleine Bewegungen mit ihrem Becken, ließ es sanft kreisen, um Thomas noch geiler zu machen. Er stöhnte und keuchte. Sein Mund schnappte nach ihren Nippeln, die jetzt vor seinem Gesicht lagen. Er schloss die Lippen um sie und begann zu saugen, was wiederum Romy spitze Schreie entlockte. Glücklicherweise erregten sie keine Aufmerksamkeit, weil der Wasserfall laut genug war, um jedes Geräusch von ihnen zu übertönen.

Thomas fickte nun regelmäßig in ihre heiße Grotte, hielt sie mit seinen starken Armen fest und leckte bei jeder Abwärtsbewegung über ihre Brüste. Romy revanchierte sich, indem sie mit ihrem Becken auf ihm rotierte. Beides war dazu angebracht, ihrer beider Erregung innerhalb kurzer Zeit zu steigern, bis einer von ihnen es nicht mehr aushalten und als Erstes explodieren würde. Sie starrten sich in die Augen, versuchten zu erkennen, ob der andere nicht bereits so weit war und nur noch einen winzigen Schubs über die Klippe benötigte.

Romy war fast so weit. Ihr Orgasmus würde sie wieder überrollen, dabei wollte sie diese Situation so lange wie möglich auskosten und genießen. Thomas starrte sie mit glasigen Augen und lustverzerrtem Gesicht an. Die Adern an seinem Hals traten fast hervor vor Anstrengung, Romy einerseits festzuhalten und sich andererseits zu beherrschen und durchzuhalten.

Es gelang ihnen beiden nicht.

Romy warf mit einem lang gezogenen Stöhnen den Kopf zurück, als sie explodierte. Ihre Kirsche zuckte wild auf Thomas' Schwanz, ihre Scheidenmuskeln zogen sich zusammen und massierten seinen harten, gierigen Schwengel. Es war, als würde sie auf ihm tanzen, wild und unbeherrscht. Ihre

Brüste schwangen leicht im Takt ihres Bebens, während sie auf ihm zuckte.

Thomas wiederum schwoll zum letzten Mal an, als er seinen »Wasserfall« in ihre heiße Möse ergoss. Er knurrte und keuchte, presste Romy fest an sich und pumpte alles in sie hinein, was er in sich hatte. Sie spürte den heißen Strahl und lächelte, bewegte sich leicht auf ihm, um alles aus ihm zu melken. Ihr war schwindelig und sie war dankbar, dass er sie noch immer festhielt.

Der Wasserfall neben ihnen überschüttete sie mit einem Schwall, als sie danach hinter dessen Vorhang hervorglitten. Sie hatten mühsam ihre nassen Badesachen unter Wasser angezogen, dabei gelacht und gekichert und sich immer wieder geküsst.

»Das war klasse«, hatte Romy ihm ins Ohr geflüstert, als sie von ihm glitt.

Die Gruppe, mit der sie hier angekommen waren, hatte sich inzwischen auf den Rückweg gemacht. Nur ein paar Einheimische standen am Wasser, planschten herum und sahen sie mit großen, braunen Augen erstaunt an, weil sie so plötzlich erschienen waren. Dann lächelten sie mit blitzenden Zähnen im dunklen Gesicht, sagten etwas auf Amharisch und Thomas nickte lächelnd zurück und antwortete.

»Du kannst Amharisch?«, fragte Romy überrascht, als sie aus dem Wasser stiegen und ihre Sachen holten.

»Fast so gut wie Sex«, antwortete Thomas grinsend.

# Der heisse Nachbar – Mach's mir im Garten!

Tanja schlüpfte in ihren knappen Bikini, nahm das eisgekühlte Glas mit Cola in eine Hand, eine Zeitschrift in die andere, und ging raus in den Garten.

Der Sommer schlug in diesem Monat mit seiner ganzen Hitze zu. Es war Juli und der Garten musste jeden Abend gegossen werden, damit die Büsche und der Rasen nicht welk wurden. Doch es machte ihr nichts aus, sie hatte Urlaub und verbrachte die Tage unter dem schattigen Baum in der Ecke.

Wenn es nach ihr ginge, bräuchte sie bei diesen Temperaturen keinen Bikini. *Sich nackt in der Sommerhitze zu aalen, hätte was für sich*, dachte sie sehnsüchtig. Sie lief über den leuchtend grünen Rasen zu ihrem Liegestuhl unter dem Baum, stellte das Glas auf ein kleines Tischchen daneben und legte sich hin. Es hatte einen Grund, weshalb sie nicht ohne Bikini draußen umherlief. Trotz der Büsche rund um ihr Grundstück, die es vor Blicken von außen nahezu abschirmten, gab es da nun einmal diesen neu zugezogenen Nachbarn auf der rechten Seite des Gartens. Okay, er sah verdammt gut aus – aber sollte sie ihm nur deswegen intime Einblicke oder Aussichten oder was auch immer auf ihren Busen gewähren? Sie kannte ihn ja noch nicht einmal richtig.

Sie hatte das Haus im Neubaugebiet vor etwa zwei Jahren gekauft. Für sie allein war es zwar etwas zu groß, doch sie mochte die großzügigen Räume und hatte sich in einem Raum ein Atelier eingerichtet. Als ziemlich erfolgreiche Fotografin konnte sie sich das Haus leisten und hatte in den zwei Jahren, in denen sie hier wohnte, ein kleines Paradies aus dem Garten entstehen lassen. Der Baum, unter dem ihre Liege stand, war groß genug, um einen angenehmen Schatten auf den Rasen zu werfen. Leider bekam der gut aussehende Nachbar nichts davon ab, weshalb er in den letzten zwei Wochen mehrmals neidvolle Blicke zu ihr hinübergeworfen hatte.

Er war vor zwei Monaten eingezogen, nachdem sein Haus fertiggestellt gewesen war. Nun bemühte er sich, den Garten zu gestalten. Er hatte Rasensamen ausgesät und goss sie regelmäßig abends mit einem Rasensprenger. An den Seiten versuchte er, Büsche anzupflanzen, doch sie kümmerten ein wenig vor sich hin. Schatten hatte er nicht, höchstens unter dem kleinen Sonnenschirm, den er auf seine Terrasse gestellt hatte und den er mit der Wanderung der Sonne immer wieder verrücken musste.

»Hallo, Frau Nachbarin!«

Tanja blickte von ihrer Zeitschrift auf. Da war er, der nette Nachbar, der begehrliche Blicke auf ihren Garten warf – oder auf sie? Wer wusste das schon? Er lächelte sie an.

»Hallo, Herr Nachbar!«, rief sie zurück. »Fleißig?«

Er krauste die Nase. »Na ja, soweit man bei dieser Hitze fleißig sein kann, nicht wahr?« Er musterte sie mit einem langen Blick. Er war eindeutig neidisch, stellte Tanja fest. Aber nett. Und sexy.

»Was machen Sie denn Schönes?«, erkundigte sie sich höflich.

»Etwas Unkraut jäten, den neuen Büschen gut zureden – und ich wollte Sie fragen, warum Sie eigentlich so einen großen Baum bei sich im Garten stehen haben, wenn Sie doch auch erst seit zwei Jahren hier wohnen?«

»Tja. Ich hatte Glück. Man hat ihn stehen lassen, als das

Haus gebaut wurde.«

»Jetzt bin ich neidisch.« Sehnsüchtig sah er den Baum an. Es war eine Linde, wunderschön und hoch gewachsen – vermutlich hatten die Bauarbeiter sie deshalb nicht entfernt. Tanja überlegte, ob sie jetzt ein schlechtes Gewissen haben sollte und etwa dazu verpflichtet war, ihren Nachbarn zu sich einzuladen. Aber sie wollte es nicht. Nicht aus dieser Motivation heraus. Deshalb lächelte sie nur und wartete ab.

Was das Glück betraf, so hatte sie es wirklich. Auf der anderen Seite des Grundstücks stand noch kein Haus. Was bedeutete, dass die Büsche, die sie dort gepflanzt hatte, die leichte sommerliche Brise durch ihre Zweige und Blätter hindurchließen. Sie streichelte ihre Haut, raschelte in dem Baum über ihr und hinterließ Tanja mit einem wohligen Seufzen auf ihrer Liege. Dazu noch ein kaltes Getränk – was wollte man mehr? Sie sah ihren Nachbarn an und hatte fast Mitleid mit ihm. Der Arme würde noch lange schwitzen müssen, bis sein Garten so war, wie er ihn haben wollte und ein neu gepflanzter Baum groß genug wäre, um Schatten zu werfen.

Als der attraktive Mann ihr freundlich zunickte und sich wieder abwandte, um seiner Gartenarbeit nachzugehen, war sie dankbar für die Ruhe.

Die der Typ ein paar Minuten später mit einem Bohrgerät zerstörte.

Als er vor ein paar Wochen eingezogen war, hatte Tanja mehrmals mitbekommen, dass er Damenbesuch bekam. Das Kreischen und Kichern war nicht zu überhören gewesen, und wenn der nette Nachbar und die Dame des Abends später lautstark vögelten, dann saß sie wiederum etwas neidisch auf ihrer Terrasse und lauschte. Anscheinend hatte der Typ schnell wechselnde Bekanntschaften oder er und die Frauen zelebrierten den Beziehungsstatus Freundschaft Plus – eine Lebensart, die Tanja durch eine ihrer Freundinnen kennengelernt hatte. Anita hatte ihr das damals so erklärt: »Mehrere Männlein und Weiblein sind gut befreundet, leben jedoch nicht zusammen. Wenn jemand von ihnen Bock auf Sex hat, ruft er jemanden an und fickt mit demjenigen. Alles ohne Verpflichtung zur Treue.« Was Tanja schließlich auch ziemlich praktisch fand.

Jedenfalls hätte sie es begrüßt, wenn die nachbarliche Vögelei etwas leiser vor sich ginge, wenn sie selbst gerade keinen Kerl da hatte. Doch sie revanchierte sich für die Lautstärke ein anderes Mal – zum Beispiel, wenn Mika oder Lothar Zeit für Sex hatten. Dann waren ihre Fenster weit geöffnet, damit der nette Nachbar auch wirklich mitbekam, dass sie das auch konnte.

Sie blätterte in ihrer Zeitschrift, trank von ihrer Cola und lauschte nebenbei in den Garten auf der anderen Seite der Hecke. Sie fragte sich, was der Typ dort drüben zu bohren hatte. Die Hecke auf dieser Seite war ziemlich zugewachsen, undurchdringlich für fremde Blicke und sanfte Brisen. Letzteres war ebenfalls ein möglicher Grund für ein schlechtes Gewissen – vorausgesetzt, sie ließe ihr Gewissen zu Wort kommen. Hätte sie denn eines, wenn der Nachbar hässlich wie die Nacht und unausstehlich wäre?, fragte sie sich und musste es mit einem klaren Nein beantworten. *Na also*, schimpfte sie mit sich. Kein schlechtes Gewissen. Überhaupt keins.

Aber es half nichts. Ihr Unterbewusstsein knabberte an dem armen Kerl, der sie seit zwei Wochen mit treuherzigem Hundeblick grüßte. Fehlte nur noch das Schwanzwedeln dazu, dachte sie und musste an sich halten, um nicht laut loszuprusten. Was wollte der Typ von ihr? Hatte er ihre letzte, besonders laute Vögelei mit Sven – auch einer aus der Clique – mitbekommen und wollte auch mal ran?

Sven war ihr spezieller Freund. Wenn er sie besuchte, war er für Überraschungen gut, weil er gern Neues ausprobierte. Letztes

Mal hatte er eine leichte Reitgerte mitgebracht, mit der er ihr den nackten Hintern versohlt hatte, während er sie von hinten ritt. Tanja war sich nicht bewusst gewesen, dass so ein leichter Schmerz sexuell wahnsinnig stimulierend sein könnte, und war innerhalb kurzer Zeit explodiert. Ein anderes Mal hatte Sven einen Vibrator dabei und bearbeitete ihre Möse damit, wenn er seinem Schwanz gerade eine Pause gönnte. Nach diesem Abend war sie völlig erschöpft und befriedigt gewesen und hatte sich beim nächsten Sextreffen mit einem vibrierenden Cockring bei ihm revanchiert. Damit war er mehrmals hintereinander gekommen.

Beim Gedanken an Sven wurde Tanja nass und bekam richtig Lust auf seine Sexspielchen. Ob sie ihn heute Abend mal anrufen sollte? Verstohlen warf sie einen Blick auf die undurchdringliche Hecke. Wenn sie Sven zum Rammeln herbat, dann wollte sie sicher sein, dass ihr Nachbar das auch mitbekam. Tanja schmunzelte. Es machte Spaß, diesen Typen, der sich als Klaus Senter vorgestellt hatte, ein wenig zu reizen. Attraktiv war er, keine Frage. Große, braune Augen, Grübchen in den Wangen, athletisch gebaut, zerzaustes Haar und treuherziger Hundeblick.

Tanja lehnte sich zurück und schloss die Augen. Die Blätter über ihr raschelten, ein Insekt brummte vorbei, in der Ferne konnte sie Kinderlachen hören. Sie wollte ein wenig dösen, solange der Krach von nebenan verstummt war. Sven würde sie später anrufen.

Als die Bohrmaschine von Klaus Senter wieder losging, beschloss sie, hineinzugehen, Sven anzurufen und sich etwas Leichtes zu essen zu machen. Bei ihrem Rendezvous später gäbe es Häppchen mit kühlem Wein.

»Sven? Hi! Wie geht es dir?«

»Hallo Süße! Bei der Hitze, da fragst du noch?« Dröhnendes

Lachen drang aus dem Hörer. Tanja schmunzelte.

»Sag, hast du heute Abend was vor oder hast du Lust vorbeizukommen?«, fragte sie.

»Bis vor wenigen Sekunden hatte ich nichts vor – ich komme! Wann?«

Sie dachte kurz nach. Eine Dusche sollte noch drin sein, überlegte sie. »Um acht, passt das?«

»Das passt perfekt, Süße. Bis später dann!«

Sie beendete das Gespräch. Sven war wirklich unkompliziert, was sie sehr schätzte. Sie richtete sich flink einen Salat, aß ihn während der Studie einer Fotozeitschrift und verschwand in der Dusche.

Sie war gerade fertig, als Sven an der Tür klingelte. Auch wenn sie sich schon lange kannten, achtete sie immer darauf, sich sexy und stilvoll zu präsentieren. Mit einem strahlenden Lächeln, perfekt aufgelegtem Make-up und einem sexy Sommerkleid öffnete sie die Tür.

»Wow!«, brachte Sven grinsend über die Lippen. Er begrüßte sie mit Küsschen links und rechts und trat ein. Er selbst war geschmackvoll lässig gekleidet – »Das Auge isst mit«, wie er immer sagte – und stellte die mitgebrachte Flasche Weißwein kurzerhand selbst in den Kühlschrank. In der anderen Hand trug er ein kleines Kästchen.

»Ich habe wieder eine Überraschung dabei«, meinte er geheimnisvoll.

Tanja war neugierig. Überraschungen von Sven waren bisher jedes Mal eine geile Sache gewesen. Er öffnete das Kästchen und zeigte ihr den Inhalt. Es sah aus wie ein L-förmig gebogener, runder Stab in Rosa. An beiden Enden des Teils befanden sich unterschiedlich große Verdickungen. Außerdem war ein großer runder Knopf in der Verpackung, auf dem kleine Erhebungen zum Drücken angebracht waren.

»Was ist das?«, fragte sie.

»Das wirst du im Laufe des Abends erleben.« Sven grinste und verschloss die Packung wieder. Tanja schmunzelte. Was sie an ihm ebenfalls schätzte, war seine Art, eine Frau zu verführen. Sie genoss es, dass er unter dem Begriff »Vorspiel« nicht nur die Zärtlichkeiten vor dem eigentlichen Fick verstand, sondern alles, was dazugehörte: Wein, leise Musik, Gespräche ... Doch es lief nicht immer so ab. Er hatte es auch schon geschafft, zur Tür hereinzukommen, sie innerhalb von zehn Minuten auszuziehen und fast noch im Hausflur zu nehmen. *Ein einfallsreicher Liebhaber*, dachte Tanja, *welche Frau wäre nicht von ihm begeistert?*

»Wein? Ich habe schon eine Flasche kaltgestellt.«

Er nickte, sie holte den Wein und bot ihm von den kleinen Leckereien an. Er probierte davon, dann öffnete er die Flasche und begann eine lockere Plauderei. Sie erzählten sich gegenseitig, was sie in den letzten Tagen getrieben hatten – »oder auch nicht getrieben, leider!« –, und setzten sich dabei auf die Terrasse. Es wurde allmählich dämmrig, doch das letzte Tageslicht blinzelte noch über die gegenüberliegenden Hausdächer. Obwohl die Sonne nicht mehr brannte, wurde es nicht merklich kühler. Trotzdem war es schön, draußen zu sitzen.

»Wie abgeschieden sind wir hier?«, fragte Sven plötzlich. Er saß dicht neben ihr auf einem Stuhl. Ein Tisch sowie eine stabile Holzliege standen ebenfalls auf der Terrasse.

Tanja überlegte und sah sich um. Die Häuser gegenüber hatten auf der ihr zugewandten Giebelseite keine Fenster. Nachbar Klaus müsste sich explizit in seinen Garten stellen, um auf diese Terrasse gucken zu können, was er ja wohl hoffentlich nicht täte. Und wenn sie drinnen das Licht löschte, wären sie mit zunehmender Dunkelheit hier draußen unsichtbar.

»Eigentlich ziemlich abgeschieden, was Blicke betrifft«, antwortete sie lächelnd. Sie ahnte, worauf er hinauswollte.

»Laute Geräusche werden nebenan gehört.«

»Sicher?«

»Sicher. Schließlich höre ich ihn auch, wenn er eine seiner Damen fickt«, meinte sie lachend.

»Oh, ein Er!« Sven schmunzelte. »Hat er es schon bei dir versucht?« Er rückte näher und begann, sie zu küssen.

»Mmm, noch nicht richtig«, murmelte sie.

»Gefällt er dir nicht?«

»Doch … er sieht … schon ganz gut … aus.« Ihre Antworten kamen unter seinen fordernden Lippen nur noch abgehackt. Außerdem wollte sie jetzt nicht über ihren Nachbarn reden, sondern sich ganz auf Sven und seine Überraschung konzentrieren.

»Da drüben steht ja noch eine Liege«, stellte Sven mit einem schnellen Blick fest. Er ließ kurz von Tanja ab, die allmählich schwerer atmete, stand auf, zog sie an den Händen hoch hinüber zur Liege unter dem Baum. Dort war es tatsächlich dunkler als im Rest des Gartens und seltsamerweise etwas kühler. Vermutlich, weil dort kaum Sonne hinkam. Sven stand vor ihr, im Dämmerlicht konnte sie seine Augen lüstern glitzern sehen.

»Einen Moment«, sagte er. »Mach es dir doch schon mal bequem.« Sie setzte sich auf die Liege. Sven kehrte zum Haus zurück und kam mit dem Kästchen, das er mitgebracht hatte, wieder. Er stellte es auf den Tisch. Tanja zog ihn lächelnd an seinem Hosengürtel zu sich her, öffnete geschickt Gürtel, Knopf und Reißverschluss, ließ die Hose zu Boden sinken und entdeckte erfreut, dass Sven a) keine Unterhose trug und b) sein Schwanz ihr bereits fast hart entgegenschnellte. Sie selbst war allein von seinen Küssen und der Vorfreude nass geworden. Behutsam nahm sie ihn in den Mund und ließ ihre Zunge um das kleine, erwartungsvoll geöffnete Loch an seiner Spitze kreisen.

Sven stöhnte. Er bewegte seine Hüften und fickte sanft in ihren Mund, bis sie ihn losließ. Er beugte sich zu ihr, küsste sie und schmeckte sich selbst

»Komm, zieh dich aus!«, forderte er sie auf, half ihr jedoch dabei, das Sommerkleid über ihren Kopf zu ziehen. Darunter trug sie einen spitzenbesetzten BH, der dort, wo ihre Nippel waren, jeweils ein entsprechend großes Loch hatte. Ihre Brustwarzen stachen erigiert daraus hervor. Sven schätzte das, er hockte sich vor sie hin und begann, an den Nippeln zu saugen.

Tanja warf stöhnend den Kopf zurück. Sie spürte seine Hand zwischen ihren Beinen, sein Lächeln an ihrer Brust, als er bemerkte, dass auch ihr Höschen ein entsprechendes Loch an der Spalte aufwies. Seine Finger strichen über ihre nassen Schamlippen, dann ließ er einen in sie hineinschlüpfen. Er reizte diesen besonderen Punkt in ihr, kurz nach dem Eingang in ihre Höhle. Immer wieder strich er darüber, während sein Daumen auf ihre Klit drückte.

*Wie kommt es nur*, dachte Tanja benommen, *dass dieser Mann mich jedes Mal so unglaublich schnell heißmacht?* Aber vielleicht war es gerade diese Aussicht, dass er sie scharfmachen konnte, die das Tempo vorantrieb? Sie stöhnte und keuchte unter seinen gierigen Liebkosungen. Bog sich lustvoll seiner Hand entgegen und konnte es nicht erwarten, dass er endlich in sie eindrang.

»Schnell! Mach's mir!«, forderte sie ungeduldig. Sie zog ihm das T-Shirt über den Kopf, dann legte sie sich zurück und öffnete ihre Beine. Doch Sven schüttelte lächelnd den Kopf, legte sich zwischen ihre Schenkel und probierte von ihrem Mösensaft. Tanja jauchzte und stöhnte immer lauter, weil seine Zunge nun in sie stieß und ihre Lust vorantrieb, sie in wundervolle Höhen katapultierte. Sie krallte sich an der Liege fest und bog ihren Rücken durch, während sie lustvoll seufzte. Doch gerade, als sie glaubte, gleich zu explodieren, hörte Sven auf, sie zu lecken.

»Warum machst du nicht weiter?«, jammerte sie.

»Gleich!«, beruhigte er. Er kniete vor ihr und forderte sie auf, sich auf alle viere zu begeben. Während sie sich umdrehte, nahm er das Kästchen vom Tisch neben ihnen, holte das Sextoy und die runde Fernbedienung heraus. Tanjas apfelförmiger Hintern ragte vor seinem Schwanz auf und wackelte ungeduldig. Sie versuchte sogar, sich auf seinen harten Schwengel zu schieben, doch Sven lachte auf und gab ihr einen kleinen Klaps. »Nicht so hastig, meine Schöne. Du wirst gleich belohnt werden.« Er legte den gebogenen Stab so unter seinen Penis, dass die längere Verdickung nach vorn lag, die kürzere sich an seine Hoden schmiegte. Vorsichtig drang er in Tanja ein, nicht ohne zuvor noch einmal mit einem Finger durch ihre Spalte gefahren zu sein – als würde er ihre Nässe prüfen. Das Toy war leicht nach unten gebogen. Tanja spürte es zusammen mit Svens harter Latte in sich eindringen und war überrascht über dieses geile Ding. Seine Spitze kam an ihrem G-Punkt zu liegen, genau dort also, wo Sven sie zuvor bereits gereizt hatte. Seine Hüften bewegten sich langsam und leicht, sodass er zunächst sehr sanft in sie stieß. Doch als er die Fernbedienung aktivierte, begriff sie, was für ein geiles Gerät er mitgebracht hatte. Es vibrierte in ihr, stimulierte ihren G-Punkt, ihre Vagina und ihre Kirsche. Denn bei jedem sanften Stoß berührten nicht Svens Eier ihre Klit, sondern die gebogene, kürzere Seite, die ebenfalls vibrierte. Sowohl an ihr als auch an Sven.

Tanja schnappte keuchend nach Luft, dann begann sie, spitze Schreie auszustoßen. Sie fragte sich, ob man vor Lust auch ohnmächtig werden konnte, denn ihr Gehirn schien völlig geflasht zu sein, überfordert von der geilen Reizüberflutung, die ihr Unterleib ihm sandte. Selbst Sven hinter ihr schien von der Wirkung überrascht zu sein. Sein Schwanz fickte unkontrolliert in sie und wurde immer schneller, das Sextoy vibrierte zwischen ihnen und auch er stöhnte laut im Takt seiner Stöße.

Sie waren innerhalb von wenigen Minuten so weit. Tanja konnte sich nicht beherrschen. Trotz der Ohren der Nachbarn brüllte sie ihre Lust in den Garten hinaus, als sie explodierte. Und Sven, der normalerweise völlig leise zum Orgasmus kam, ging es nicht anders: Sein Stöhnen und Knurren musste nebenan ebenfalls zu hören sein, während er kam.

Keuchend stellte er das Gerät mit der Fernbedienung ab und ließ sich zum Verschnaufen auf Tanjas Rücken sinken.

»Was war das denn?«, fragte sie lächelnd, als ihr beider Atem sich allmählich beruhigt hatte.

Sven hatte sich aufgerichtet und mitsamt dem Sextoy aus ihr zurückgezogen. Er grinste. »Ein Beben«, erklärte er.

Tanja hörte von nebenan die Terrassentür. *Oh oh*, dachte sie, *der Herr Nachbar Klaus kommt.* Sie grinste, als sie leise flüsterte: »Sven, sei still, sag nichts und stell dich tiefer unter den Baum. Wir bekommen Besuch.« Er gehorchte verwundert.

Ein Kopf erschien über der Hecke. Im Dunkel konnte Klaus Senter eine helle Gestalt auf dem Liegestuhl ausmachen.

»Guten Abend, Frau Nachbarin, haben Sie das auch gehört?«, fragte er verwundert und überlegte, ob die schöne Nachbarin etwa völlig nackt dort im Dunkeln auf der Liege saß.

»Was meinen Sie?«, kam es unschuldig zurück.

»Ein Schrei … Haben Sie keinen Schrei gehört?«

»Ach, da war eine Katze, die ziemlich laut war. Ich denke, ich habe sie verscheucht.«

»Ach so. Ja dann … Was machen Sie denn noch im Dunkeln auf der Liege?«, wollte er wissen. *Ob er sehen kann, dass ich nicht einmal einen Bikini trage?*, überlegte Tanja. Laut sagte sie: »Ich gucke mir den Sternenhimmel an.«

»Oh!« Er hob den Kopf. Tatsächlich glitzerten ein paar Sterne herunter. Dann schien der Nachbar nicht mehr zu wissen, was er sagen sollte, und verabschiedete sich lahm: »Dann noch einen schönen Abend, Frau Nachbarin.«

Als die Terrassentür sich geschlossen hatte, kicherte Tanja los.

»Denkst du, er hat erkannt, dass du nackt bist?«, hörte sie Sven amüsiert sagen. Er kam wieder zu ihr.

»Ich weiß es nicht. Und wenn – was will er dagegen machen?« Sie lachte immer noch.

»Vermutlich nichts, im Gegenteil. Er würde sicher gern dafür sorgen, dass du es bleibst«, schmunzelte Sven. Trotz des kurzen Wortwechsels hatte er sehr wohl erkannt, dass dieser Nachbar eindeutiges Interesse an Tanja hatte.

Diese sah Sven nachdenklich an. »Meinst du?«

Er nickte.

Sie zuckte mit den Schultern. »Tja …« Sie war unschlüssig, ob Sven recht hatte. Und ob sie in dem Fall diesen Klaus nicht doch mal zu sich einladen sollte. Bisher hatte sie ihren Nachbarn eher so eingeschätzt, dass er lediglich auf ihren schönen Garten neidisch war und deshalb immer wieder ein Gespräch mit ihr anfing.

Sven zog sie an den Händen von der Liege hoch. Hand in Hand schlenderten sie in das verdunkelte Haus.

Tanja führte ihn durch die Dunkelheit die Treppe hinauf ins Badezimmer und stellte dort eine flackernde Kerze hin. Dann duschten sie, fickten währenddessen noch einmal stürmisch – Sven hatte sie einfach an der Duschwand hochgeschoben und vögelte sie im Stehen, während sie ihre Beine um seine Hüften geschlungen hatte – und naschten befriedigt von den Häppchen, die im Wohnzimmer noch immer auf sie warteten. Sie saßen nackt auf den Stühlen auf der Terrasse und leerten die Flasche Wein, die Sven mitgebracht hatte, plauderten noch ein wenig, dann gingen sie zu Bett. Tanja hatte nichts dagegen, wenn er bei ihr übernachtete, im Gegenteil – auf diese Weise konnten sie am Morgen noch einmal vögeln, bevor er nach dem Frühstück ging.

Der morgendliche Fick war ebenso geil wie der im Garten mit diesem Partner-Sextoy, das Sven noch einmal zum Einsatz brachte. Nur, dass sie dieses Mal im Haus blieben, um den Nachbarn nicht völlig zu verschrecken, wie Sven grinsend meinte.

»Dieses vibrierende Ding darfst du gern öfter mitbringen«, meinte Tanja schmunzelnd, als sie ihn an der Haustür verabschiedete. Er gab ihr noch einen Kuss, dann winkte er lächelnd und fuhr mit seinem Auto davon.

Nachdenklich ging Tanja ins Haus zurück. Sie räumte das Geschirr, die Gläser und Flaschen vom Vorabend sowie das Frühstück weg und braute sich einen neuen Kaffee. Sie stellte sich auf die Terrasse und überlegte, ob sie jetzt noch die Pflanzen gießen sollte, weil sie es am Vorabend nicht mehr getan hatte, oder ob der Garten noch bis zum Abend durchhielte. *Warum nicht zweimal gießen?*, dachte sie, stellte ihre Tasse ab und holte den Schlauch. Sie begann an der offenen Seite, wo kein Haus stand, hielt den Wasserschlauch unter die Büsche und tränkte jede Pflanze gegen die zu erwartende Tageshitze, die sich bereits ankündigte. Sie trug wieder das luftige Sommerkleid, in dem sie Sven begrüßt hatte, darunter ihren Bikini, weil sie auch heute den Tag unter ihrer Linde verbringen wollte. Dabei würde sie über ihren attraktiven Nachbarn nachdenken. Vielleicht hatte Sven tatsächlich recht – er als Mann konnte das sicher besser beurteilen. Trotzdem hatte sie sich bisher gescheut, es selbst herauszufinden, weil sie kein Gerede der umliegenden Nachbarn haben wollte.

Sie arbeitete sich mit dem Gießen allmählich bis zur Linde vor.

»Guten Morgen, Frau Nachbarin!«

Erschrocken drehte sie sich um, hielt dabei den Schlauch versehentlich zu hoch und der Wasserstrahl flog in hohem Bogen über die Hecke und prasselte als Dusche auf ihren Nachbarn Klaus nieder. Einen Moment lang standen beide wie vom Donner gerührt da und starrten sich mit erschrockenen Augen an. Dann lachten sie wie auf Kommando los.

»Danke für die Dusche!«, prustete ihr Nachbar. Sein T-Shirt klebte an seiner Haut, seine Haare trieften vor Nässe.

»Gern geschehen.« Kichernd wischte sich Tanja die Lachtränen weg. »Aber ehrlich, das war nicht meine Absicht!«

»Sind Sie sicher?« Der treue Hundeblick sah sie fast sehnsüchtig an.

Tanja beschloss, Wiedergutmachung zu leisten. »Ziehen Sie sich um und kommen Sie auf einen Kaffee rüber«, schlug sie vor. »Schließlich muss ich das jetzt wiedergutmachen, oder?«

»Gern! Ich komme gleich!« Er verschwand im Haus und hörte sie nur noch leise, als sie ihm hinterherrief: »Am Ende der Hecke ist eine kleine Lücke, dort passen Sie bestimmt durch!«

Sie lief ins Haus, holte Kaffeegeschirr, Milch, Zucker, Kekse und den Kaffee, brachte alles auf einem Tablett unter die Linde und holte die zweite Liege von der Terrasse, um sie danebenzustellen. *Na schön*, dachte sie. Jetzt bekommt er seinen sehnsüchtig erbettelten Tag in meinem Garten. Sie schmunzelte, als der Nachbar sich durch die Hecke zwängte und eine Packung Pralinen mitbrachte. *Oh ja*, stellte Tanja fest, als sie ihn verstohlen von oben bis unten musterte. *Der Typ sieht wirklich klasse aus. Gute Figur. Die Damen, die er zum Ficken da hat, müssten eigentlich zufrieden sein.* Außer natürlich, er war im Bett eine Niete, aber so hatte es sich eigentlich bisher nie angehört.

Sie bot ihm einen Platz an und schenkte ihnen beiden ein.

Er ließ seinen Blick bewundernd durch den Garten schweifen. »Bisher habe ich ja nur über die Hecke einen Blick erhaschen können, aber Ihr Garten ist tatsächlich ein kleines Paradies. Haben Sie das gelernt?«, fragte er.

Tanja erklärte ihm, was sie von Beruf machte, und dass ein Fotografen-Auge tatsächlich hilfreich sei, wenn es um Gartengestaltung ging. Dann bot sie ihm das Du an, weil sie es allmählich mühsam fand. Er war nicht der Typ für ein langfristiges Siezen, fand sie.

Er nahm das Angebot dankbar an. »Klaus«, meinte er lächelnd.

»Tanja.« Sie grinste zurück. Auf seine Fragen hin erklärte sie ihm, wie sie den Garten gestaltet hatte, und spürte echtes Interesse von seiner Seite. *Anscheinend kann man ihn nicht nur auf seinen sexy Body reduzieren*, dachte sie und lächelte ihn während ihrer regen Unterhaltung oft an. Dabei spielte sie mit ihrem Haar, zog unmerklich ihren Rock höher und versuchte, die Wirkung all dessen auf ihn zu erkunden.

Klaus hörte ihr zwar aufmerksam zu, doch sein Unterbewusstes registrierte sofort die kleinen Signale, die sie ihm sandte. Er merkte, dass er allmählich heiß auf diese schöne Nachbarin wurde – so heiß, wie der Tag allmählich war, konstatierte er. Er versuchte vergeblich, die anwachsende Schwellung in seiner Hose zu verbergen.

Tanja hatte sie gesehen und lächelte verführerisch.

Als es Mittag wurde, besorgte sie etwas Obst und kalte Getränke von drinnen, und Klaus verschluckte sich fast an seinem Kaffeerest, als sie in ihrem unglaublich knappen Bikini zurückkehrte, der gerade mal ihre Nippel und ihre Scham verdeckte. Sie hielt ein Tablett in der Hand und stellte es auf den kleinen Tisch zwischen den beiden Liegen. Dann nahm sie ein Stück klein geschnittenes Obst und steckte es sich halb in den Mund, beugte sich über Klaus, der wie ein Kaninchen vor der Schlange auf seiner Liege saß und nicht wusste, wie er das verdammt enge Gefühl in der Hose noch aushalten sollte. Ihr Gesicht schwebte über seinem, ihre Augen sahen ihn amüsiert an, während sie ihm das Obst anbot – damit er es entweder aus ihrem Mund nahm oder es abbiss. Er entschloss sich für Letzteres, was unweigerlich in einem gierigen Kuss mündete.

Klaus zog Tanja auf seinen Schoß und schob seine Hand unter das Bikinioberteil. Diese prallen Brüste hatten ihn schon neulich angelacht, dachte er, während sein Daumen über ihre Brustwarzen rieb.

Tanja stöhnte leise in seinen Mund. Sie rutschte ein wenig auf seinem Schoß hin und her, was seinen Schwanz zusätzlich reizte und noch mehr anschwellen ließ.

»Warte«, sagte er heiser und bedeutete ihr, sich auf ihrer Liege auf den Rücken zu legen. Sie sah etwas enttäuscht aus, war aber neugierig, was er vorhatte. Er stand auf und streifte sich die Kleidung ab – nicht ohne sich vorher verstohlen umzusehen und zufrieden festzustellen, dass es keine unerwünschten Zuschauer gab. Dann nahm er ein paar Obststückchen und verteilte sie auf Tanjas Körper. Je ein Stück Banane, in das er jeweils ein kleines Loch bohrte, auf ihre Nippel und drumherum je zwei Apfelschnitze. Den Weg von ihren Brüsten bis zu ihrer Scham markierte er mit weiteren Apfelschnitzen, in den Bauchnabel legte er eine Weintraube und begutachtete sie zufrieden.

Tanja kicherte und fand die Prozedur einerseits albern, andererseits irgendwie erregend. Vor allem, weil das kühle Obst auf ihrer heißen Haut angenehm war. Sie starrte auf Klaus' sexy Körper und seinen Schwanz, der sich hart erhob, und stellte sich vor, wie die ganzen schön drapierten Obststückchen von ihr herunterfielen, während er sie rammelte. Es brachte sie erneut zum Kichern, was in ein wohliges Seufzen und Stöhnen überging, als Klaus begann, das Obst von ihrem Körper zu naschen. Er nahm es mit den Lippen auf, streifte mit ihnen ihre Haut und verursachte ein lustvolles Zittern und Sehnen.

»Ich mag Obst«, erklärte er mit lüsternem Grinsen. »Vor allem, wenn es so sexy serviert wird!« Er arbeitete sich von ihren Brüsten den Bauch entlang hinab. Bei der Weintraube verweilte er und leckte ihren Bauchnabel aus. »Traubensaft«, erklärte er.

Tanja brannte jetzt darauf, den Kerl endlich zu ficken. So, wie er ihren Nabel geleckt hatte … wenn er ihre Möse auch so lecken sollte … Sie stöhnte bei dieser Vorstellung. Und als Klaus endlich an ihrem Schamhügel angekommen war und ihre Beine spreizte, sich zwischen sie legte und seine Zungenspitze ihre Kirsche zu lecken begann, jauchzte sie begeistert auf. Sie legte ihre Unterschenkel auf seine Schultern, präsentierte ihm ihre nasse Spalte und wimmerte und stöhnte abwechselnd unter seinen Lippen, die sich auf sie pressten und heftig an ihr saugten. Ihr Becken wurde schwer, das Blut ließ ihre Schamlippen anschwellen, die weit auseinanderklafften.

Als er von ihr abließ und sich neu positionierte, war Tanja wie von Sinnen vor Geilheit. Sie klammerte ihre Beine um ihn, zog ihn an sich und tiefer hinein, während er in ihre heiße Grotte tauchte. Seine Augen wurden allmählich glasig. Ihr Becken bewegte sich im Gleichtakt mit seinen Stößen, es kam ihm sehnsüchtig und gierig entgegen, weil er jedes Mal auch auf ihre offen liegende Kirsche traf. Und jeder Stoß sandte unweigerlich elektrische Impulse durch Tanja, die ihre Erregung steigerten und alles in ihr zum Brennen brachten. Ihre Lust kletterte bis zum Gipfel hinauf, verweilte dort eine kleine Weile wie auf einem Plateau, nur um dann begeistert jauchzend mit einer unendlich scheinenden Freude über den Rand zu springen und im freien Fall wie ein Feuerwerkskörper zu explodieren.

Tanja war schneller als Klaus in ihrem Höhepunkt. Sie warf sich ihm entgegen, stieß einen markerschütternden Schrei aus, wimmerte und stöhnte, während ihre Möse zuckte, ihre Finger sich an der Liege festkrallten und sie den Kopf hin und her warf.

Ihre nackten Brüste bebten vor Klaus' Augen, der sich von den großen Nippeln mit den Vorhöfen wie hypnotisiert fühlte und wusste, dass auch er in der nächsten Sekunde käme. Stöhnend presste er sich tief in ihre Spalte hinein und pumpte alles, was er hatte, in einem heißen Strahl in sie.

Nachdem sie wieder zu Atem gekommen waren, sagte er grinsend: »Jetzt weiß ich es.«

Tanja sah ihn fragend an. »Was?«

»Wie diese Katze von gestern Abend heißt.«